JN426355

KYUNG HEE UNIVERSITY

경희한국어

ENGLISH VERSION

초급 1

문법

경희한국어

초급1 문법

ENGLISH VERSION

초판1쇄 발행 2019년 12월 17일
초판4쇄 발행 2025년 3월 4일

지은이 유수정 권수현 김영은 명현숙 배문기 백승옥
유해헌 이지영 현나래 서진숙 홍윤기
옮긴이 Jenny Park
일러스트 이미지포유
펴낸이 한균태
펴낸곳 경희대학교 출판문화원
주소 서울 동대문구 경희대로 26
전화 02-961-0106~8
팩스 02-961-0291
설립 1960년 9월 16일 제5-8호
등록 1977년 11월 8일 제6-5호
홈페이지 www.khupress.com
전자우편 press@khu.ac.kr

ⓒ경희대학교, 2019

ISBN 978-89-8222-643-4 (14700)
978-89-8222-641-0 (14700) 세트

* 표제 서체 ⓒ한국관광공사 경기도체

* 이 책에 사용된 모든 자료는 출처 및 저작권을 확인하고 정상적인 절차를 밟아 사용하였습니다. 누락된 부분이 있으면 이후 확인 과정을 거쳐 반영하겠습니다.

* 이 책은 저작권법에 따라 보호받는 저작물이므로 무단전재와 복제를 금지하며 이 책의 전부 또는 일부를 이용하려면 반드시 저작권자와 경희대학교 출판문화원의 서면 동의를 받아야 합니다.

KYUNG HEE UNIVERSITY

경희한국어

ENGLISH VERSION

초급 1

문법

경희대학교 출판문화원

머리말

경희대학교 국제교육원은 1993년에 한국어교육 과정을 개설한 이래 학습자가 한국어와 한국 문화를 재미있게 배울 수 있도록 노력해 왔다. 국제교육원과 출판문화원은 그동안 소통하고 협업하여 《한국어_Exploring Korean》, 《혼자 공부하는 한국어_Exploring Korean Workbook》을 출간한 바 있다. 그리고 이번에 그간의 교수 학습의 성과를 기초로 하여 《경희한국어》를 새롭게 출간한다.

이번에 출간하는 한국어 교재는 《경희한국어》 '첫걸음', '초급1 문법', '초급1 듣고 말하기', '초급1 읽고 쓰기', '초급2 문법', '초급2 듣고 말하기', '초급2 읽고 쓰기'이다. 핵심 문법 항목의 체계적인 학습을 위해 '문법'을 따로 만들었으며 '듣고 말하기'와 '읽고 쓰기'는 기능 교육의 유기적 통합을 지향하였다. 각 교재에는 영어 번역을 달아 학습자의 이해를 꾀하였다.

'첫걸음'은 한국어에 입문하는 학습자가 쉽고 빠르게 한글 자모를 익히고 음절 구조를 이해하도록 만들었다.

'문법'은 학습자가 반드시 익혀야 할 문법 항목을 위주로 학습 내용을 채웠다. 연습문제와 과제를 넉넉히 제시하여 해당 문법의 의미와 기능을 익히도록 하였으며 적절한 상황 맥락을 제시하여 문법 항목을 활용해 말하기 활동을 하도록 하였다.

'듣고 말하기'는 주제와 관련된 듣기 활동과 말하기 활동이 긴밀하게 연관되도록 구성하였다. 주제에 따라서 듣기와 말하기 활동을 균등하게 배치하거나 어느 한 기능을 조금 더 강조하였다. 듣기를 통해 이해한 내용이 말하기의 주요 소재가 되도록 하였으며 다양한 상황을 제시하여 학습자가 스스로 응용하여 말할 수 있도록 내용을 짰다. 특별히 실제 대화 상황과 장면을 학습자가 눈과 귀로 이해하고 실생활에서 활용할 수 있도록 비디오클립으로 제작하여 교재에 담았다.

'읽고 쓰기'는 주제에 관한 읽기 활동과 쓰기 활동이 유기적으로 결합되도록 구성하였다. 학습자 수준에 부합하는 읽기 자료를 제공함으로써 한국어 텍스트에 대한 문식력을 키우도록 하였다. 더불어 읽기 텍스트를 모방하는 쓰기 활동뿐만 아니라 학습자가 자신의 문화적 배경, 경험, 지적 능력을 충분히 발현하여 쓰기 활동을 할 수 있도록 쓰기 과제를 구성하였다.

《경희한국어》 출간에 맞추어 국제교육원은 경희사이버대학교와 함께 온라인 한국어 강의도 개발하였다. 학습자가 《경희한국어》 온라인 강의를 자율적으로 학습함으로써 보다 정확하고 유창한 한국어를 구사할 수 있도록 설계하였다. 아울러 학습자가 수동적인 자세에서 벗어나 능동적이고 적극적인 학습자로 성장해 나가도록 체계적이고 효율적인 모바일 LMS를 마련하였다.

마지막으로 《경희한국어》 집필위원과 출판문화원 교직원들께 고마움을 전한다. 이분들의 헌신이 없었다면 이 교재는 세상에 나오지 못했다. 교재 발간 시작에서 마무리까지 이분들의 손길이 가득하다. 아울러 《경희한국어》 출간을 물심양면으로 지원해 주신 학교 관계자들께도 깊이 감사드린다.

2019년 12월

경희대학교 《경희한국어》 교재편찬위원회

Preface

Kyung Hee University Institute of International Education(IIE) has strived to help learners learn Korean language and culture in a fun way since it launched its Korean language curriculum in 1993. IIE and Kyung Hee University Press previously collaborated on *Korean: Exploring Korean* and *Korean: Exploring Korean Workbook*. We are publishing a new version of *Kyung Hee Korean*, updated based on our recent teaching and learning experiences.

IIE is publishing seven companion volumes: *Kyung Hee Korean 'First Step', 'Beginner 1 Grammar', 'Beginner 1 Listening and Speaking', 'Beginner 1 Reading and Writing', 'Beginner 2 Grammar', 'Beginner 2 Listening and Speaking', and 'Beginner 2 Reading and Writing.'* This separation of the systematic learning of essential grammatical features from other language skills is in line with functional approaches to learning.

The first volume, *First Step*, is aimed at quickly equipping new learners with a solid understanding of Korean consonants, vowels, and syllable structures.

The *Grammar* volumes contain the grammatical structures that learners should acquire at each of the two beginning levels. Exercise questions and assignments are provided to help them understand the target structures and their functions, and realistic scenarios are also provided to enable them to practice speaking using such structures.

In the *Listening and Speaking* volume, the listening and speaking activities are closely connected, with the topics of the speaking activities being the content acquired through listening. Depending on the precise topic, these two skills can be given equal weight, or one can be emphasized more. Various realistic situations are provided to help learners apply their understanding, and they are accompanied by video clips that have been designed to deepen such understanding.

The *Reading and Writing* volume integrates the two skills organically. Appropriate reading materials are provided to help readers achieve the general goal of Korean literacy development.

IIE has also developed a series of online Korean lectures in collaboration with Kyung Hee Cyber University, aimed at facilitating learners' independent study of Korean, and especially, the development of their accuracy and fluency. Additionally, the Institute offers systematic and efficient mobile-based LMS to help learners go beyond passive learning and become active and passionate learners.

Lastly, we would like to thank *Kyung Hee Korean* editorial board and Kyung Hee University Press faculty and staff. Without their dedication at all stages of the development and publication process, this textbook would not have come to fruition. We would also like to extend our gratitude to the administration of Kyung Hee University for their generous support.

December 2019

Kyung Hee University *Kyung Hee Korean* Textbook Publishing Committee

일러두기

경희한국어 초급1은 한국어를 배우려는 성인 학습자를 위한 한국어 교재 6단계 중 첫 번째 단계에 해당하는 교재이다. 이 책은 **경희한국어 초급1 문법** 교재로 초급1 단계에서 반드시 알아야 할 문법으로 학습 내용을 구성하였으며 학습자의 의사소통 능력 향상을 위하여 교육적이고 실제적인 다양한 연습과 활동을 배치하였다. 또한 도입의 사용 상황이 정리 단계에서 확인될 수 있도록 도입과 정리 단계의 의사소통 활동을 연계하여 구성하였다. 이 책을 통해 학습자는 한국어 학습에 필요한 기본적인 한국어 문법을 익히고, 한국에서 생활하는 데 필요한 기본 의사소통 능력을 갖출 수 있다.

◆ 이 책의 주요 특징

01 초급의 의사소통 상황에 맞는 50개의 문법을 선정하여 학습 내용을 구성하였다.

02 도입은 각 문법의 사용 상황과 관계있는 대화와 그림으로 제시하였으며 MP3 파일을 통해 대화를 들을 수 있게 구성하였다.

03 제시는 교사의 발화를 통해 진행될 수 있도록 별도의 항목으로 구성하지 않았다. 그러나 학습자가 스스로 공부할 수 있도록 목표 문법의 의미와 사용 예를 부록에 제시하였다.

04 연습은 초급 문법의 특성에 맞게 형태적인 정확성을 추구한 연습에서부터 시작하여 연결 연습, 완성 연습 등을 거쳐 의사소통 활동으로 이어질 수 있도록 구성하였다.

05 활동은 해당 문법이 핵심적으로 쓰이는 말하기 활동을 중심으로 구성하였으나 일부 문법의 경우 쓰기 상황으로 제시하였다.

06 정리는 도입 상황에서 배운 의사소통 활동을 재확인하거나 바꿔서 말할 수 있도록 도입과 연계된 말하기 상황으로 구성하였다. 도입을 반복, 확장하도록 구성하였기 때문에 학습자 혼자서도 말하기 연습이 가능하다.

07 의사소통 상황에서의 문법 사용을 위하여 듣고 말하기, 읽고 쓰기와 연계된 문법의 경우 단원 마지막에 기능 교과를 표시하였다.

08 부록 '문법 설명'에서는 목표 문법의 의미와 사용 예시를 기술하였다. 국립국어원 《한국어 기초사전》을 참고하여 목표 문법의 의미와 사용 상황, 형태를 중심으로 기술하였으며 확장된 사용 의미와 예시는 편집을 달리하여 기술하였다.

09 목표 문법을 제시할 때 명사, 동사, 동작동사, 상태동사로 문법의 범주를 표시하여 학습자가 문법의 결합 조건을 쉽게 이해할 수 있도록 기술하였다.

10 문법의 도입과 연습, 활동에서 사용된 어휘는 학습자에게 별도로 제공된다.

◆ 단원 구성 및 학습 시간

문법은 모두 50개의 단원으로 90~100시간의 학습 분량으로 구성하였다. 문법은 난이도에 따라 한 시간 학습용과 두 시간 학습용으로 나눠서 수업할 수 있다.

◆ 세부 단원 구성

단원 제목: 목표 문법의 결합 상황과 형태 제시

도입 대화: 두 사람의 대화로 1~2개의 대화 쌍으로 구성

도입 그림: 목표 문법의 사용 상황과 관계있는 그림 제시

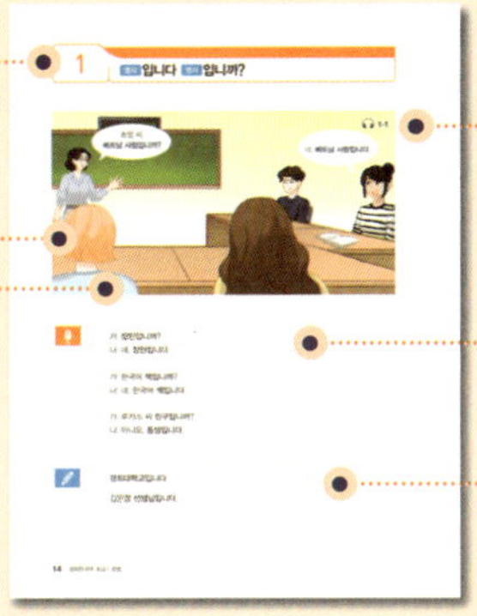

듣기 자료: 자연스러운 대화 학습을 위한 MP3 파일 제공

대화 쌍 확인: 목표 문법이 사용되는 2~3개의 대화 상황 제시

문장 확인: 목표 문법이 사용되는 2~3개의 문장 제시

형태 연습: 목표 문법의 형태를 인지하고 확인할 수 있는 연습 제시

연결, 완성 연습: 목표 문법이 사용되는 문장과 대화에서 연결하기, 빈칸 채우기, 완성하기 등의 연습 제시

완성 연습, 응답 연습: 목표 문법이 사용되는 상황에서 대화 연습 제시

말하기 활동: 목표 문법을 활용하여 자연스러운 의사소통 활동 진행

정리: 도입과 연계하여 말하기 활동으로 학습 정리

연계 기능: 목표 문법과 연계된 기능 교과 표시

Kyung Hee Korean Beginner 1 is the first part of the *Kyung Hee Korean* textbook series for adult language learners, which is divided into six levels. *Kyung Hee Korean 'Beginner 1 Grammar'* consists of essential grammar that needs to be acquired by beginner learners and includes a variety of educational and practical exercises and activities in order to improve the communication skills of the learners. Introduction and Wrap-up activities are closely connected so that the situations introduced in the former are reviewed in the latter. Through this book, learners can learn the basic Korean grammar necessary to learn Korean and develop the basic communication skills necessary to live in Korea.

◆ Main Characteristics of the Textbook

01 This volume presents a total of 50 grammatical structures that have been selected based on communicative situations appropriate to beginning-level learning.

02 The Introduction includes conversations and pictures relevant to the target grammar. MP3 files of the conversations are also provided.

03 The textbook's design encourages teachers to present the target grammatical structures through communicative exchanges. However, these structures and examples of their usage are also presented in the Appendices for self-directed learning.

04 Practice sections start with exercises focusing on grammatical accuracy, and continue with connection exercises and completion exercises.

05 Activity sections mostly consist of speaking activities, but in some cases, of writing activities.

06 Wrap-up sections are designed as reconfirmations or paraphrases of the conversational material learned in each Introduction section, repeating or expanding it to enable learners to practice speaking by themselves.

07 Relevant Listening & Speaking and Reading & Writing activities are explained in the last section of each unit.

08 The Appendices 'Explaining for Grammar' sections present further explanations of the target grammatical structures and examples of their usage, based on the *Korean Dictionary* published by the National Institute of Korean Language.

09 Grammatical categories of words, such as nouns, verbs, action verbs, and stative verbs, are presented in the Appendices to facilitate learners' understanding of such word types' interrelationships.

10 The vocabulary used in Introduction, Practice, and Activity sections are presented separately.

◆ Unit Configuration and Study Time

Completing all 50 grammar units is expected to take 90-100 study hours, depending on the individual learner's ability level.

◆ Details of Configuration

Unit title: Name of the target grammatical structure

Introduction conversation: Conversation between two people

Introduction picture: Presentation of a picture relevant to the target grammatical structure

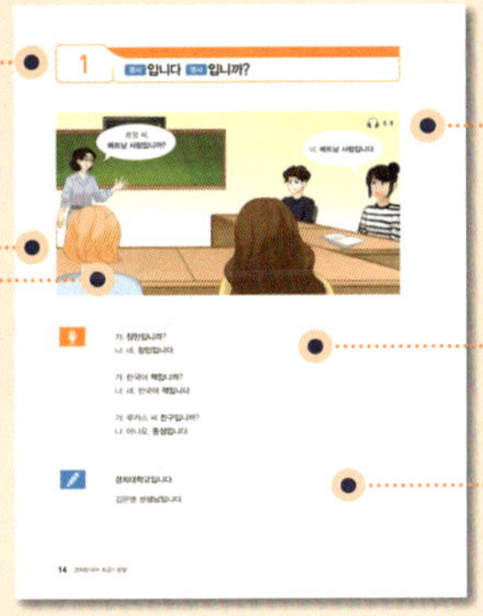

Listening material: MP3 file for the learning of natural conversation

Conversation: Examples of 2-3 conversational situations in which the target grammatical structure is used

Sentence: Examples of 2-3 sentences that include the target grammatical structure

Form practice: Presentation of a practice activity aimed at building learners' understanding of the target grammatical structure and enabling them to check such understanding

Connection and completion practice: Presentation of connection, fill-in-the blank, and completion practices containing the target grammatical structure

Completion and conversational-exchange practice: Presentation of conversational practices incorporating the target grammatical structure

Speaking activity: Practice of naturalistic conversation involving the target grammar

Wrap-up: Speaking activities connected to the Introduction section

Relevant function: Indication of units of the textbook relevant to the target grammatical structure

등장인물

자이튼 사닐
Zeitoun Sanil

터키
학생

김은영
Kim Eunyeong

한국
한국어 선생님

레아 마르텡
Lea Martin

프랑스
학생

루카스 윌리엄스
Lucas Williams

미국
학생

응웬 티 흐엉
Nguyen Thi Huong

베트남
학생

장민
Zhang Min

중국
학생

최지아
Choi Jia

한국
대학생

이반 이바노프
Ivan Ivanov

러시아
학생

한나 요한손
Hanna Johansson

스웨덴
학생

사토 나츠미
Sato Natsumi

일본
학생

이준서
Lee Junseo

한국
대학생

리첸
Lee Chen

싱가포르
회사원

타냐 모코닌
Tanya Mokonin

에티오피아
회사원

박상진
Park Sangjin

한국
회사원

CONTENTS

차례

1 명사 입니다, 명사 입니까?

가: **장민입니까**?
나: 네, **장민입니다**.

가: 한국어 **책입니까**?
나: 네, 한국어 **책입니다**.

가: 루카스 씨 **친구입니까**?
나: 아니요, **동생입니다**.

경희대학교입니다.

김은영 **선생님입니다**.

연습 1 빈칸을 채우십시오.

Fill in the blanks.

	명사 입니다		명사 입니까?
학생	학생입니다	누구	누구입니까?
선생님		친구	
의자		무엇	
책상		시계	
교실		어디	
학교		은행	

연습 2 그림을 보고 〈보기〉와 같이 이야기해 보십시오.

Look at the picture and practice speaking as shown in the example.

보기 방입니다.
흐엉입니다.
⋮

연습 3 그림을 보고 〈보기〉와 같이 대화를 완성하십시오.

Look at the pictures and complete the dialogues as shown in the example.

보기 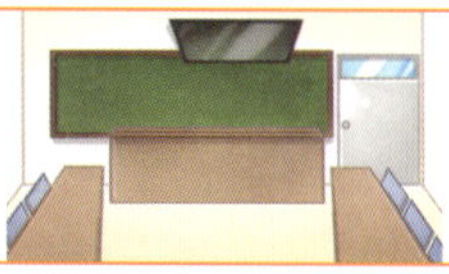

가: 교실입니까?

나: 네, 교실입니다.

1) 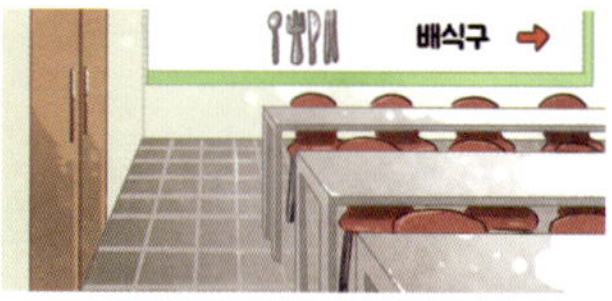

가: 식당입니까?

나: 네, ______________________.

2) 

가: 운동장입니까?

나: 아니요, ______________________.

3) 

가: ______________________?

나: 네, 학생입니다.

4) 

가: ______________________?

나: 네, 의자입니다.

연습 4 그림을 보고 〈보기〉와 같이 대화를 완성하십시오.

Look at the pictures and complete the dialogues as shown in the example.

보기 

가: 누구입니까?

나: 장민입니다.

1) 

가: 무엇입니까?

나: ______________________.

2) 

가: 누구입니까?

나: ______________________.

3) 

가: 어디입니까?

나: ______________________.

연습 5 무엇입니까? 어디입니까? 누구입니까? 〈보기〉와 같이 친구와 이야기해 보십시오.

What is it? Where is it? Who is it? Practice speaking with a friend as shown in the example.

보기

가: **태권도입니까?** 나: 네, **태권도입니다.**	가: **포도입니까?** 나: 아니요. **김치입니다.**	가: **무엇입니까?** 나: (　　　)**입니다.**

태권도 → 포도 → 의자 → 필통 → 사과 → 안경 ↓

어디 ← 병원 ← 은행 ← 화장실 ← 도서관 ← 무엇

↓

레아 → 장민 → 타냐 → 흐엉 → 학생 → 누구

다음 그림을 보고 이야기하십시오.

Look at the following picture and practice speaking.

듣고 말하기 1과에서 더 배워 보세요.

Learn more in Listening & Speaking Chapter 1.

2 명사 은/는 1

가: **이것은** 한국어 책입니까?
나: 네, **이것은** 한국어 책입니다.

가: **형은** 학생입니까?
나: 아니요, **형은** 회사원입니다.

여기는 한국어 교실입니다.

장민은 중국 사람입니다. 경희대학교 학생입니다.

연습 1 빈칸을 채우십시오.

Fill in the blanks.

	명사 은		명사 는
형	형은	저	저는
동생		누나	
책상		과자	
연필		의자	
공원		여기	
서점		학교	

연습 2 알맞은 것을 연결하고 문장을 완성하십시오.

Connect and complete the sentences.

1) 여기	• ——————— •	은행입니다
2) 이것	• •	학생입니다
3) 저기	• •	책상입니다
4) 나츠미	• •	도서관입니다
5) 김 선생님	• •	한국 사람입니다

1) 여기는 은행입니다.

2) ______________________.

3) ______________________.

4) ______________________.

5) ______________________.

이것 this, this thing

연습 3 그림을 보고 〈보기〉와 같이 문장을 완성하십시오.

Look at the pictures and complete the sentences as shown in the example.

보기 저는 루카스입니다. (저, 루카스)

1) 

_______________. (흐엉, 베트남 사람)

2) 

_______________. (장민, 학생)

3) 

_______________. (여기, 학생 식당)

4) 

_______________. (박지석, 축구 선수)

축구 선수 soccer player, football player

연습 4 그림을 보고 〈보기〉와 같이 대화를 완성하십시오.

Look at the pictures and complete the dialogues as shown in the example.

보기 가: 레아는 프랑스 사람입니까?

나: 네, 레아는 프랑스 사람입니다.

1) 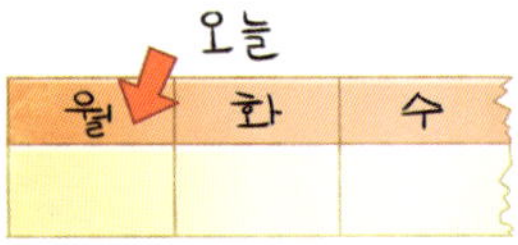

가: 오늘은 월요일입니까?

나: 네, _______________.

2) 

가: 한국어 교실은 여기입니까?

나: 네, _______________.

3) 

가: 저기는 학생 식당입니까?

나: 아니요, _______________.

4) 

가: 나츠미 씨 동생은 회사원입니까?

나: 아니요, _______________.

오늘 today

연습 5 여러분은 어떤 사람이 되고 싶습니까? 〈보기〉와 같이 친구에게 소개해 보십시오.

What kind of person do you want to be? Practice speaking with your friends as shown in the example.

이름 name	마샤
국적 nationality	프랑스
직업 job	가수

보기

저는 마샤입니다.
저는 프랑스 사람입니다.
저는 가수입니다.

이름	
국적	
직업	

다음 그림을 보고 이야기하십시오.

Look at the following picture and practice speaking.

듣고 말하기 1과에서 더 배워 보세요.

Learn more in Listening & Speaking Chapter 1.

3 명사 이에요/예요

가: **물이에요**?
나: 아니요. **주스예요**.

가: 지금 **어디예요**?
나: **교실이에요**.

안녕하세요.
저는 **한나예요**.
저는 **경희대학교 학생이에요**.

연습 1 빈칸을 채우십시오.

Fill in the blanks.

	명사 이에요		명사 예요
학생	학생이에요	의사	
일본 사람		준서	준서예요
볼펜		지우개	
약국		기숙사	

연습 2 〈보기〉와 같이 문장을 완성하십시오.

Complete the sentences as shown in the example.

보기 저, 타냐 → 저는 타냐예요.

1) 흐엉, 학생 → 흐엉은 ______________.

2) 루카스, 미국 사람 → 루카스는 ______________.

3) 이것, 의자 → 이것은 ______________.

4) 저것, 자전거 → 저것은 ______________.

5) 여기, 사무실 → 여기는 ______________.

연습 3 그림을 보고 〈보기〉와 같이 대화를 완성하십시오.

Look at the pictures and complete the dialogues as shown in the example.

보기

뭐예요?

한복이에요. (한복)

1) 레아 씨, 뭐예요?

______________________. (생일 선물)

2) 누구예요?

______________________. (고향 친구)

3) 누구예요?

______________________. (저)

4) 여기는 어디예요?

______________________. (우리 집)

5) 누구 공책이에요?

______________________. (나츠미 공책)

연습 4 그림을 보고 〈보기〉와 같이 대화를 완성하십시오.

Look at the pictures and complete the dialogues as shown in the example.

보기

가: 동생은 학생이에요?

나: 네, 학생이에요.

1)

가: 비빔밥이에요?

나: 네, ______________________.

2)

가: 운동화예요?

나: 네, ______________________.

3)

가: 영어 책이에요?

나: 아니요. ______________________.

4)

가: 도서관이에요?

나: 아니요. ______________________.

5)

가: 장민 씨는 일본 사람이에요?

나: 아니요. ______________________.

연습 5 '스무 고개' 게임입니다. 〈보기〉와 같이 이야기해 보십시오.

The following is the 'Twenty Questions' game. Ask questions as shown in the example.

보기

루카스: **남자예요**?

흐엉: 아니요.

레아: **한나예요**?

흐엉: 아니요.

장민: **자이튼이에요**?

흐엉: 네, **자이튼이에요**!

게임 규칙

1. 한 사람이 앞으로 나온다.
   A person comes to the front.
2. 선생님이 제시한 카드를 확인한다.
   Check the card presented by the teacher.
3. 정답을 생각하고 정한다.
   Think and decide the correct answer.
4. 질문을 받고 대답한다.
   Receive the question and answer.
5. 정답을 맞힌 사람이 나오면 그 사람에게 점수를 준다.
   If someone gives the correct answer, that person gets the point.
6. 문제를 내는 사람을 바꾼다.
   Change the person who gives the next question.

다음 그림을 보고 이야기하십시오.

Look at the following picture and practice speaking.

듣고 말하기 2과에서 더 배워 보세요.
Learn more in Listening & Speaking Chapter 2.

4 명사 이/가

가: **이것이** 무엇입니까?
나: 책상입니다.

가: **서점이** 어디예요?
나: **저기가** 서점이에요.

가: **여기가** 우체국입니까?
나: 아니요, **저기가** 우체국입니다.

저기가 은행입니다.

여기가 학생 식당입니다.

연습 1 빈칸을 채우십시오.
Fill in the blanks.

	명사 이		명사 가
형		언니	
동생	동생이	오빠	
가방		시계	
이름		학교	
교실		★ 저	
은행		★ 누구	누가

연습 2 알맞은 것을 고르십시오.
Choose and circle the correct answer.

1) 서점(이 , 가) 어디입니까?

2) 여기(이 , 가) 교실입니다.

3) 언니(이 , 가) 의사입니다.

4) 저것(이 , 가) 의자입니까?

5) 약국(이 , 가) 저기입니다.

연습 3 그림을 보고 〈보기〉와 같이 문장을 완성하십시오.

Look at the pictures and complete the sentences as shown in the example.

보기

이것, 볼펜

➡ 이것이 볼펜입니까?

1) 

이름, 무엇

➡ ______________________?

2) 

저기, 방송국

➡ ______________________?

3) 

직업, 무엇

➡ ______________________?

4) 

은행, 어디

➡ ______________________?

5) 

누구, 선생님

➡ ______________________?

방송국 broadcasting station

연습 4 **그림을 보고 대화를 완성하십시오.**
Look at the pictures and complete the dialogues.

1) 저것이 무엇이에요?
(저것, 무엇)

한국어 책이에요.

2) ____________________?
(여기, 어디)

제주도예요.

3) ____________________?
(화장실, 어디)

저기예요.

4) ____________________?
(저기, 도서관)

아니요, 학생 식당이에요.

5) ____________________?
(누구, 중국 사람)

제가 중국 사람이에요.

다음 그림을 보고 이야기하십시오.

Look at the following picture and practice speaking.

읽고 쓰기 **1과에서 더 배워 보세요.**
Learn more in Reading & Writing Chapter 1.

5 명사 의

5-1

가: **이반 씨의** 가방입니까?
나: 네, **저의** 가방입니다.

가: **누구의** 책이에요?
나: **한나의** 책이에요.

제 방입니다.

나츠미의 볼펜입니다.

연습 1 **그림을 보고 알맞은 것을 연결하십시오. 그리고 문장을 완성하십시오.**

Look at the pictures and connect the correct answer. Then complete the sentences.

1)		선생님 •	• 친구
2)		이반 •	• 안경
3)		장민 •	• 학교
4)		나츠미 •	• 시계
5)		저 •	• 휴대 전화

1) 선생님의 안경입니다.

2) ______________________________.

3) ______________________________.

4) ______________________________.

5) ______________________________.

연습 2 **그림을 보고 〈보기〉와 같이 대화를 완성하십시오.**

Look at the pictures and complete the dialogues as shown in the example.

보기

가: 장민의 우산이에요?

나: 네, 장민의 우산이에요.

1) 

가: 흐엉의 자전거예요?

나: 네, ____________________.

2) 

가: 한나의 가족 사진이에요?

나: 네, ____________________.

3) 

가: 이반의 카메라예요?

나: 네, ____________________.

보기

가: 첸의 가방이에요?

나: 아니요, 루카스의 가방이에요.

4) 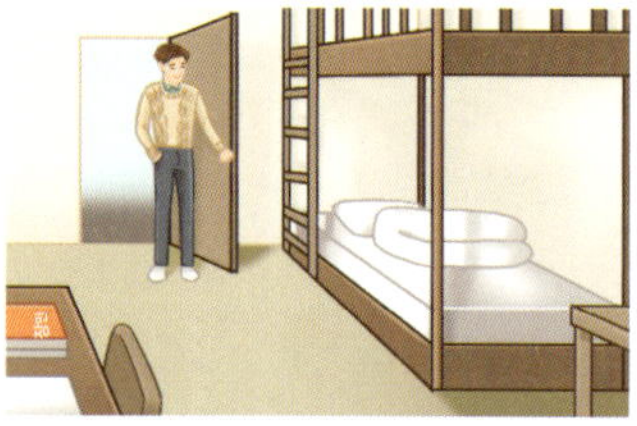

가: 준서의 방이에요?

나: 아니요, ____________________.

5) 

가: 한나의 친구예요?

나: 아니요, ____________________.

연습 3 그림을 보고 문장을 완성하십시오.

Look at the pictures and complete the sentences.

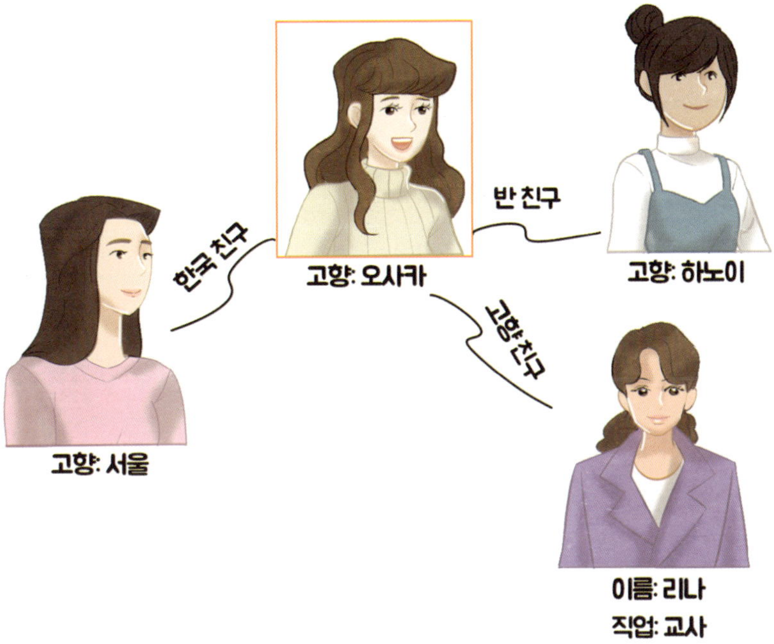

보기 저는 나츠미입니다.
제 고향은 오사카입니다.

1) 지아는 ________ 한국 친구입니다. ________ 고향은 서울입니다.

2) 흐엉은 우리 반 친구입니다. ________ 고향은 하노이입니다.

3) 리나는 ________ 고향 친구입니다. ________ 직업은 교사입니다.

다음 그림을 보고 이야기하십시오.

Look at the following picture and practice speaking.

읽고 쓰기 1과에서 더 배워 보세요.

Learn more in Reading & Writing Chapter 1.

6 명사 이/가 아니다

가: 동생은 학생입니까?
나: 아니요, **학생이 아닙니다**. 회사원입니다.

가: 이 사람은 가수예요?
나: 아니요, **가수가 아니에요**. 운동선수예요.

장민은 **한국 사람이 아닙니다**. 중국 사람입니다.

여기는 **제주도가 아닙니다**. 부산입니다.

연습 1 빈칸을 채우십시오.
Fill in the blanks.

	명사 이 아닙니다	명사 이 아니에요		명사 가 아닙니다	명사 가 아니에요
학생	학생이 아닙니다	학생이 아니에요	오빠		
책상			친구		
회사원			의자	의자가 아닙니다	의자가 아니에요
도서관			학교		

연습 2 그림을 보고 〈보기〉와 같이 문장을 완성하십시오.
Look at the pictures and complete the sentences as shown in the example.

보기  책상이 아닙니다. 의자입니다.

1)  문 __________. 창문입니다.

2)  지갑 __________. 가방입니다.

3) 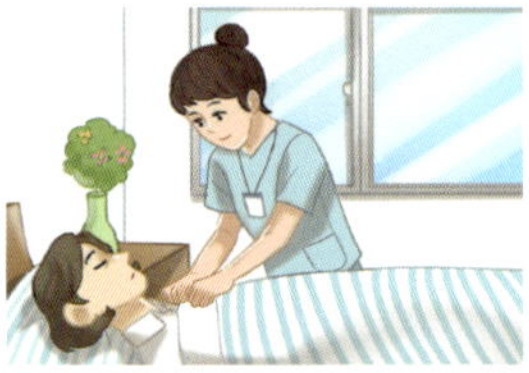 의사 __________. 간호사입니다.

4)  포도 __________. 사과입니다.

연습 3 그림을 보고 〈보기〉와 같이 대화를 완성하십시오.

Look at the pictures and complete the dialogues as shown in the example.

보기

연필이에요?

아니요, 연필이 아니에요.
볼펜이에요.

1) 방이에요?

아니요, ________________.
교실이에요.

2) 은행이에요?

아니요, ________________.
우체국이에요.

3) 선생님이에요?

아니요, ________________.
회사원이에요.

4) 휴대 전화예요?

아니요, ________________.
텔레비전이에요.

5) 루카스예요?

아니요, ________________.
이반이에요.

연습 4 **여기는 쇼핑몰입니다. 그림을 보고 문장을 완성하십시오.**

You are at a shopping mall. Look at the pictures and complete the sentences.

1) 가방 가게가 아닙니다. 옷 가게입니다.

2) 바지 ______________________. 치마 ______________________.

3) 티셔츠 ______________________. 재킷 ______________________.

4) 핸드백 ______________________. 지갑 ______________________.

5) 구두 ______________________. 운동화 ______________________.

핸드백 handbag

연습 5 여러분은 반 친구들에 대해서 잘 압니까? 친구의 이야기를 듣고 〈보기〉와 같이 이야기해 보십시오. 맞으면 '네(○)', 틀리면 '아니요(×)'를 이야기해 보십시오.

How well do you know your classmates? Listen to your friend's sample sentences and practice speaking as shown in the example. If correct, say "네" If not, say "아니요."

보기 장민: 저는 **회사원이 아니에요.**

친구들: 네, 장민은 **회사원이 아니에요.**

장민: 저는 일본 사람이에요.

친구들: 아니요, 장민은 **일본 사람이 아니에요.**

장민: 저는 **선생님이 아니에요.**

친구들: 네, 장민은 **선생님이 아니에요.**

다음 그림을 보고 이야기하십시오.

Look at the following picture and practice speaking.

읽고 쓰기 1과에서 더 배워 보세요.
Learn more in Reading & Writing Chapter 1.

7 동사 습니다/ㅂ니다, 동사 습니까?/ㅂ니까?

[문법] 12과에서 확인해 보세요. [Grammar] Please check in Chapter 12.

가: 한국 음식이 **맛있습니까**?
나: 네, **맛있습니다.**

가: 자주 **산책합니까**?
나: 네, 저는 매일 **산책합니다.**

제 친구는 **친절합니다.**

우리 교실은 **깨끗합니다.**

연습 1 빈칸을 채우십시오.

Fill in the blanks.

	동사 습니다
덥다	덥습니다
많다	
먹다	
읽다	

	동사 ㅂ니다
비싸다	비쌉니다
깨끗하다	
가다	
오다	

	동사 습니까?
쉽다	쉽습니까?
어렵다	
앉다	
웃다	

	동사 ㅂ니까?
예쁘다	예쁩니까?
친절하다	
배우다	
가르치다	

연습 2 그림을 보고 〈보기〉와 같이 문장을 완성하십시오.

Look at the pictures and complete the sentences as shown in the example.

보기

운동장이 큽니다. (운동장, 크다)

1) 

______________________. (레아, 자다)

2) 

______________________. (비, 오다)

3) 

______________________? (가방, 예쁘다)

4) 

______________________? (불고기, 맛있다)

연습 3 알맞은 단어를 골라 대화를 완성하십시오.

Complete the dialogues by selecting the correct word.

덥다 싸다 없다 어렵다 재미있다

1) 가: 숙제가 있습니까?

나: 아니요, 오늘은 숙제가 없습니다.

2) 가: 옷이 비쌉니까?

나: 아니요, 제 옷은 ______________________.

3) 가: 영화가 재미없습니까?

나: 아니요, 영화가 ______________________.

4) 가: 날씨가 ______________________?

나: 아니요, 오늘은 날씨가 조금 춥습니다.

5) 가: 한국어가 ______________________?

나: 아니요, 한국어가 쉽습니다.

연습 4 알맞은 단어를 골라 글을 완성하십시오.

Complete the following text by selecting the correct word.

많다 크다 예쁘다 재미있다 친절하다

저는 경희대학교 학생입니다. 우리 학교는 1) 큽니다 . 그리고 2) ________ . 학교에 친구들이 3) ________ . 친구들이 4) ________ . 한국어 공부가 5) ________ .

연습 5 여러분은 공식적인 자리에서 한국어로 이야기해 봤습니까? 공식적인 상황에 맞게 이야기해 보십시오.

Have you ever spoken in Korean in public? Look at the pictures and practice speaking according to the official situation.

보기

1)

제 친구는 ________________.

2)

이 영화는 ________________.

다음 그림을 보고 이야기하십시오.

Look at the following picture and practice speaking.

읽고 쓰기 2과에서 더 배워 보세요.

Learn more in Reading & Writing Chapter 2.

8 명사 을/를

가: 한국 **영화를** 좋아합니까?
나: 네, 좋아합니다.

가: **요리를** 자주 합니까?
나: 네, **요리를** 자주 합니다.

저는 매일 **커피를** 마십니다.

나츠미가 **그림을** 그립니다.

연습 1 빈칸을 채우십시오.

Fill in the blanks.

	명사 을		명사 를
형	형을	가수	가수를
동생		언니	
선생님		친구	
공책		바지	
볼펜		주스	
우산		지우개	

연습 2 알맞은 것을 고르십시오.

Choose the correct answer.

1) 옷(을/를) 삽니다.

2) 빵(을/를) 먹습니다.

3) 편지(을/를) 씁니다.

4) 커피(을/를) 마십니다.

5) 손(을/를) 씻습니다.

6) 친구(을/를) 만납니다.

7) 그림(을/를) 그립니다.

8) 사진(을/를) 찍습니다.

9) 사과(을/를) 좋아합니다.

10) 텔레비전(을/를) 봅니다.

11) 한국어(을/를) 배웁니다.

12) 태권도(을/를) 가르칩니다.

연습 3 그림을 보고 알맞은 단어를 골라 문장을 완성하십시오.

Look at the pictures and complete the sentences by selecting the correct word.

책	과일	영화	요리
사다	보다	읽다	하다

1) 

한나가 책을 읽습니다.

2) 

준서가 ______________________.

3) 

장민이 ______________________.

4) 

지아가 ______________________.

연습 4 대화를 완성하십시오.

Complete the dialogues.

1) 가: 지금 무엇을 봅니까?
   나: 텔레비전을 봅니다. (텔레비전)

2) 가: 무슨 음식을 좋아합니까?
   나: ______________________. (비빔밥)

3) 가: 무슨 운동을 자주 합니까?
   나: ______________________. (농구)

4) 가: 내일 무엇을 합니까?
   나: ______________________. (친구)

5) 가: ______________________? (커피)
   나: 네, 좋아합니다.

연습 5 사람들이 캠핑장에서 무엇을 합니까? 그림을 보고 〈보기〉와 같이 이야기해 보십시오.

What do people do in camping ground? Look at the picture and practice speaking as shown in the example.

보기 가: **무엇을** 합니까?
나: **춤을** 춥니다.

다음 그림을 보고 이야기하십시오.

Look at the following picture and practice speaking.

읽고 쓰기 **2과에서 더 배워 보세요.**

Learn more in Reading & Writing Chapter 2.

9 이/그/저 명사

가: **저 건물**의 이름이 뭐예요?
나: 국제교육원이에요.

가: **이 우산**이 누구 우산이에요?
나: 아, 제 우산이에요. 고맙습니다.

가: **이것**이 무엇입니까? (→ **이게** 무엇입니까?)
나: 한국어 책입니다.

가: **저것**은 한국말로 뭐예요? (→ **저건** 한국말로 뭐예요?)
나: 달력이에요.

이 사람은 제 오빠입니다. 오빠는 대학생입니다.

그 가방은 제 가방이 아닙니다.

한국말로 in Korean

연습 1 **알맞은 것을 고르십시오.**

Choose the correct answer.

1)

(이 / 그 / 저) 건물은 기숙사입니다.

2)

(이 / 그 / 저) 자전거는 서울시 자전거입니다.

3)

(이 / 그 / 저) 꽃은 나츠미 씨의 생일 선물이에요.

4)

(이 / 그 / 저) 친구가 흐엉이에요.

5)

(이 / 그 / 저) 시계가 얼마예요?

연습 2 그림을 보고 〈보기〉와 같이 대화를 완성하십시오.

Look at the pictures and complete the dialogues as shown in the example.

보기

가: 이 공책이/가 누구 공책이에요?

나: 한나 씨 공책이에요.

1)

가: 이반 씨, ____________ 이/가 누구예요?

나: 제 형이에요.

2)

가: ____________ 이/가 누구 휴대 전화예요?

나: 아, 제 휴대 전화예요. 고마워요.

3)

가: ____________ 이/가 누구예요?

나: 한국 가수예요.

4)

가: ____________ 이/가 뭐예요?

나: 제 친구의 생일 선물이에요.

연습 3 그림을 보고 〈보기〉와 같이 이야기해 보십시오.

Look at the picture and practice speaking.

보기 가: 이것이 무엇입니까?

나: 연필입니다.

⋮

연습 4 책상 위에 무엇이 있습니까? 〈보기〉와 같이 친구의 물건을 가리키며 이야기해 보십시오.

What is on the desk? Point to your classmate's objects and practice speaking as shown in the example.

보기

가: 루카스 씨, 그것이 무엇입니까?

나: 이것은 지우개입니다.

연습 5 〈보기〉와 같이 반 친구들에게 옆 사람을 소개하십시오.

Introduce a classmate sitting next to you to your classmates.

보기

이 사람은 루카스입니다.

루카스는 제 친구입니다.

이 친구는 재미있습니다.

다음 그림을 보고 이야기하십시오.

Look at the following picture and practice speaking.

듣고 말하기 2과에서 더 배워 보세요.

Learn more in Listening & Speaking Chapter 2.

10 한자어 수

가: 사무실 전화번호가 몇 번이에요?
나: **3299-0114**예요.

가: 이 에어컨이 얼마예요?
나: **이백삼십만 원**이에요.

제 생일은 **11월 13일**입니다.

이 구두는 **구만 구천 원**입니다.

몇 번 what number
원 won

연습 1 다음을 듣고 따라서 읽으십시오.

Listen and read along the numbers.

10-2

1)

0	1	2	3	4	5	6	7	8	9	10
영/공	일	이	삼	사	오	육	칠	팔	구	십

11	12	13	14	15	16	17	18	19	20
십일	십이	십삼	십사	십오	십육	십칠	십팔	십구	이십

10	20	30	40	50	60	70	80	90	100
십	이십	삼십	사십	오십	육십	칠십	팔십	구십	백

	1,000	천
1	0,000	만
10	0,000	십만
1,00	0,000	백만
10,00	0,000	천만
100,00	0,000	억
…		…

2)

1월	2월	3월	4월	5월	6월	7월	8월	9월	10월	11월	12월
일월	이월	삼월	사월	오월	**유월**	칠월	팔월	구월	**시월**	십일월	십이월

1일	2일	3일	4일	5일	6일	7일	8일	9일	10일	11일	12일	…
일일	이일	삼일	사일	오일	육일	칠일	팔일	구일	십일	십일일	십이일	…

연습 2 빈칸을 채우십시오.

Fill in the blanks.

1) 75 칠십오 ________ 2) 418 ________ 3) 2,300 ________

4) 45,600 ________ 5) 783,000 ________ 6) 5,999,000 ________

연습 3 잘 듣고 〈보기〉와 같이 쓰십시오.

10-3

Listen carefully and write the correct one in the blank as shown in the example.

보기 99

1) ________ 2) ________ 3) ________

4) ________ 5) ________ 6) ________

연습 4 <보기>와 같이 이야기해 보십시오.

Practice speaking as shown in the example.

이름	전화번호
이반	010 - 1752 - 2341

보기
가: 이반 씨, 전화번호가 몇 번이에요?
나: 제 번호는 공일공 일칠오이에 이삼사일이에요.

연습 5 <보기>와 같이 이야기해 보십시오.

Practice speaking as shown in the example.

11월

일	월	화	수	목	금	토
				1 시험	2 시험	3
4	5 현지 학습	6	7	8	9	10 나츠미 생일
11	12	13	14	15	16	17
18	19	20	21 이반 생일	22	23	24
25	26	27	28	29	30 사진 촬영	

보기
가: 현지 학습이 언제예요?
나: 현지 학습은 **11월 5일**이에요.

현지 학습 field trip
사진 촬영 taking pictures

연습 6 〈보기〉와 같이 두 사람이 가격을 묻고 답하면서 빈칸을 채워 보십시오.

Fill in the blanks asking and answering the questions about prices as shown in example.

KHU 마트 (가)		KHU 마트 (나)	

________	₩ 6,200	₩ 4,800	________

보기

가: 양파가 얼마예요?

나: **사천팔백 원**이에요. 생선은 얼마예요?

가: **육천이백 원**이에요.

293쪽, 활동지 활용

다음 그림을 보고 이야기하십시오.

Look at the following picture and practice speaking.

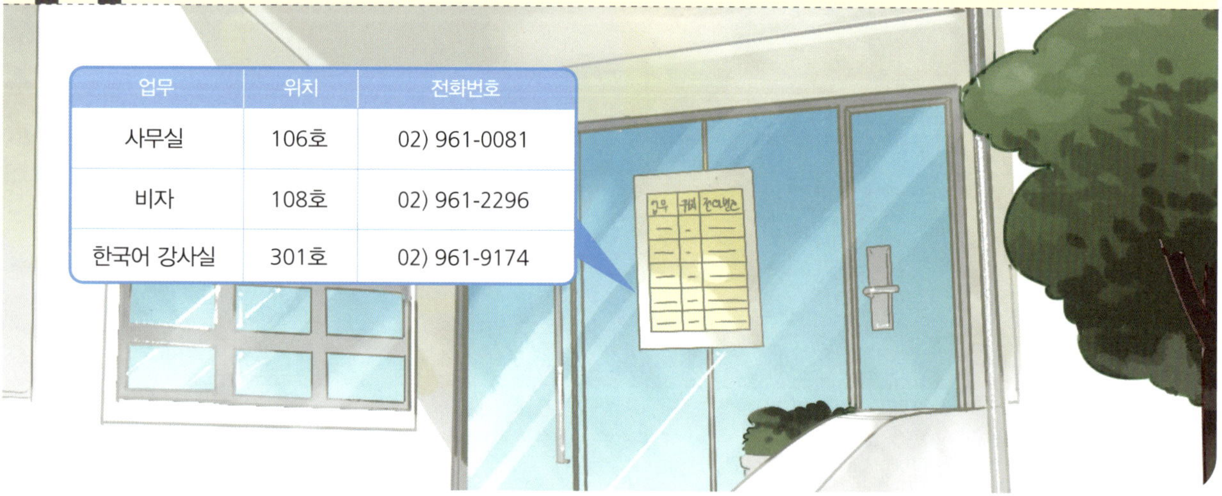

업무	위치	전화번호
사무실	106호	02) 961-0081
비자	108호	02) 961-2296
한국어 강사실	301호	02) 961-9174

11 고유어 수

가: **하나, 둘, 셋!**
나: 김치.

가: 지금 몇 시예요?
나: **열두** 시 **사십** 분이에요.

태권도 수업은 오후 **세** 시(3시)입니다.

제 나이는 **스무** 살(20살)입니다.

연습 1 다음을 듣고 따라서 읽어 보십시오.

Listen carefully and read along the numbers.

11-2

1)

1	2	3	4	5	6	7	8	9	10
하나	둘	셋	넷	다섯	여섯	일곱	여덟	아홉	열
11	12	13	14	15	16	17	18	19	20
열하나	열둘	열셋	열넷	열다섯	열여섯	열일곱	열여덟	열아홉	스물
30	40	50	60	70	80	90	…	98	99
서른	마흔	쉰	예순	일흔	여든	아흔	…	아흔여덟	아흔아홉

2)

1시	2시	3시	4시	5시	6시
한 시	두 시	세 시	네 시	다섯 시	여섯 시
7시	8시	9시	10시	11시	12시
일곱 시	여덟 시	아홉 시	열 시	열한 시	열두 시

3)

1살	2살	3살	4살	5살	…	10살
한 살	두 살	세 살	네 살	다섯 살	…	열 살
11살	12살	13살	14살	15살	…	20살
열한 살	열두 살	열세 살	열네 살	열다섯 살	…	스무 살
21살	22살	23살	24살	25살	…	30살
스물한 살	스물두 살	스물세 살	스물네 살	스물다섯 살	…	서른 살
40살	50살	60살	70살	80살	90살	100살
마흔 살	쉰 살	예순 살	일흔 살	여든 살	아흔 살	백 살

연습 2 **알맞은 것을 쓰십시오.**
Write the correct answer.

2	20	1)	41	3)	65	5)	96
둘	스물	서른여덟	2)	쉰일곱	4)	여든아홉	6)

연습 3 **그림을 보고 문장을 완성하십시오.**
Look at the pictures and complete the sentences.

1) 

여섯 시 십 분이에요.

2) 

_______ 시 _______ 분이에요.

3) 

_______ 시 _______ 분이에요.

4) 

_______ 시 _______ 분이에요.

_______ 시 _______ 이에요.

연습 4 **그림을 보고 글을 완성하십시오.**
Look at the pictures and complete the text.

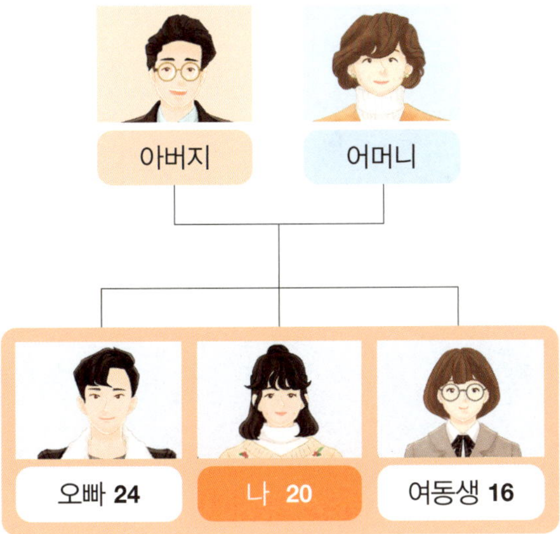

우리 가족입니다.
우리 가족은 아버지, 어머니, 오빠, 저, 여동생, 모두 다섯 명입니다.

1) 오빠는 _______________ 살입니다.

2) 저는 _______________ 살입니다.

3) 여동생은 _______________ 살입니다.

연습 5 그림을 보고 대화를 완성하십시오.

Look at the pictures and complete the dialogues.

1) 

가: 지금 몇 시예요?

나: 네 시 십 분이에요.

2) 

가: 노래 수업이 몇 시예요?

나: ______________________________.

3) 

가: 장민 씨, 우리 약속이 몇 시예요?

나: ______________________________.

4) 

가: 한나 씨, 오빠가 몇 살이에요?

나: ______________________________.

5) 

가: 루카스 씨, 동생이 몇 살이에요?

나: 제 동생은 ______________________________.

다음 그림을 보고 이야기하십시오.

Look at the following picture and practice speaking.

12 동사 아요/어요

가: 교실이 **작아요**? **커요**?
나: 이 교실은 조금 **작아요**.

가: 레아 씨, 지금 뭐 **해요**?
나: 저는 지금 **숙제를 해요**.

가: 타냐는 언제 **와요**?
나: 내일 **와요**.

6월 21일 금요일 **날씨**

오늘은 금요일이에요. 저는 자주 **축구를 해요**. 하지만 오늘은 날씨가 **흐려요**.

연습 1 빈칸을 채우십시오.

Fill in the blanks.

	동사 아요		동사 어요		동사 해요
많다	많아요	길다		깨끗하다	
좋다		적다		친절하다	
비싸다		재미있다		피곤하다	
찾다		먹다		공부하다	공부해요
가다		읽다		운동하다	
보다		마시다	마셔요	좋아하다	

연습 2 〈보기〉와 같이 문장을 바꾸십시오.

Change the sentences as shown in the example.

보기 이반이 웃다 → 이반이 웃어요.

1) 머리가 길다 → ______.

2) 친구가 앉다 → ______.

3) 아기가 자다 → ______.

4) 옷을 입다 → ______.

5) 커피를 마시다 → ______.

6) 떡볶이를 좋아하다 → ______.

연습 3 그림을 보고 알맞은 단어를 골라 문장을 완성하십시오.

Look at the pictures and complete the sentences by selecting the correct word.

많다	울다	작다	맛있다	비싸다	깨끗하다

1) 

사람이 많아요.

2) 

가방이 ______________.

3) 

키가 ______________.

4) 

음식이 ______________.

5) 

방이 ______________.

6) 

흐엉이 ______________.

연습 4 〈보기〉와 같이 문장을 바꾸십시오.

Change the sentences as shown in the example.

이것은 우리 가족사진입니다.	보기 이것은 우리 가족사진이에요.
제 어머니는 영어를 가르칩니다.	1) 제 어머니는 영어를 가르쳐요.
제 아버지는 경찰관입니다.	2) 제 아버지는 ______________.
제 남동생은 고등학생입니다.	3) 제 남동생은 ______________.
저는 한국어를 공부합니다.	4) 저는 한국어를 ______________.

연습 5 **그림을 보고 알맞은 단어를 골라 대화를 완성하십시오.**

Look at the pictures and complete the dialogues by selecting the correct word.

보다	없다	맛있다	쇼핑하다	청소하다

1)

가: 장민 씨, 뭐 해요?

나: 드라마를 봐요.

2)

가: 나츠미 씨, 내일 뭐 해요?

나: ______________________.

3)

가: 레아 씨, 지금 뭐 해요?

나: 지금 방을 ______________________.

4)

가: 타냐 씨, 우산 있어요?

나: 아니요, ______________________.

5)

가: 여기는 뭐가 맛있어요?

나: 비빔밥이 ______________________.

연습 6 여러분의 물건은 어떻습니까? 또 여러분의 친구는 무엇을 합니까? 〈보기〉와 같이 친구와 이야기해 보십시오.

What about your stuff? And what does your friend do? Practice speaking with a friend as shown in the example.

많다　싸다　있다　없다
좋다　비싸다　깨끗하다

먹다　보다　읽다　자다
찍다　마시다　배우다

보기	볼펜이 **많아요.** ⋮	지아는 차를 **마셔요.** ⋮

다음 그림을 보고 이야기하십시오.

Look at the following picture and practice speaking.

듣고 말하기 3과에서 더 배워 보세요.

Learn more in Listening & Speaking Chapter 3.

13 명사 에 1

가: 은행이 **어디에** 있어요?
나: **지하철역 근처에** 있어요.

가: 부모님이 **어디에** 계세요?
나: 제 부모님은 **일본에** 계세요.

가: 지금 **어디에** 가요?
나: **시장에** 가요.

우리 가족은 **일본에** 있어요. **일본 도쿄에** 살아요.

동생이 **중국에** 있습니다. 제 동생은 **대학교에** 다닙니다.

도서관에 학생이 많습니다.

연습 1 〈보기〉와 같이 문장을 완성하십시오.

Complete the sentences as shown in the example.

보기

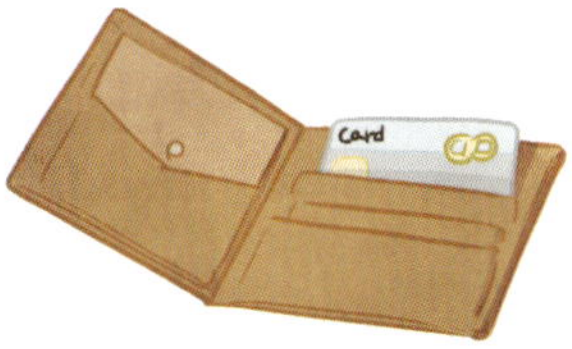

카드 지갑

- 카드가 지갑에 있어요.
- 지갑에 카드가 있어요.

1) 

의자 방

- ______________________________.
- ______________________________.

2) 

우유 냉장고

- ______________________________.
- ______________________________.

3) 

남동생 학교

- ______________________________.
- ______________________________.

4) 

약국 2층

- ______________________________.
- ______________________________.

5) 

공책 집

- ______________________________.
- ______________________________.

연습 2 그림을 보고 〈보기〉와 같이 대화를 완성하십시오.

Look at the picture and complete the dialogues as shown in the example.

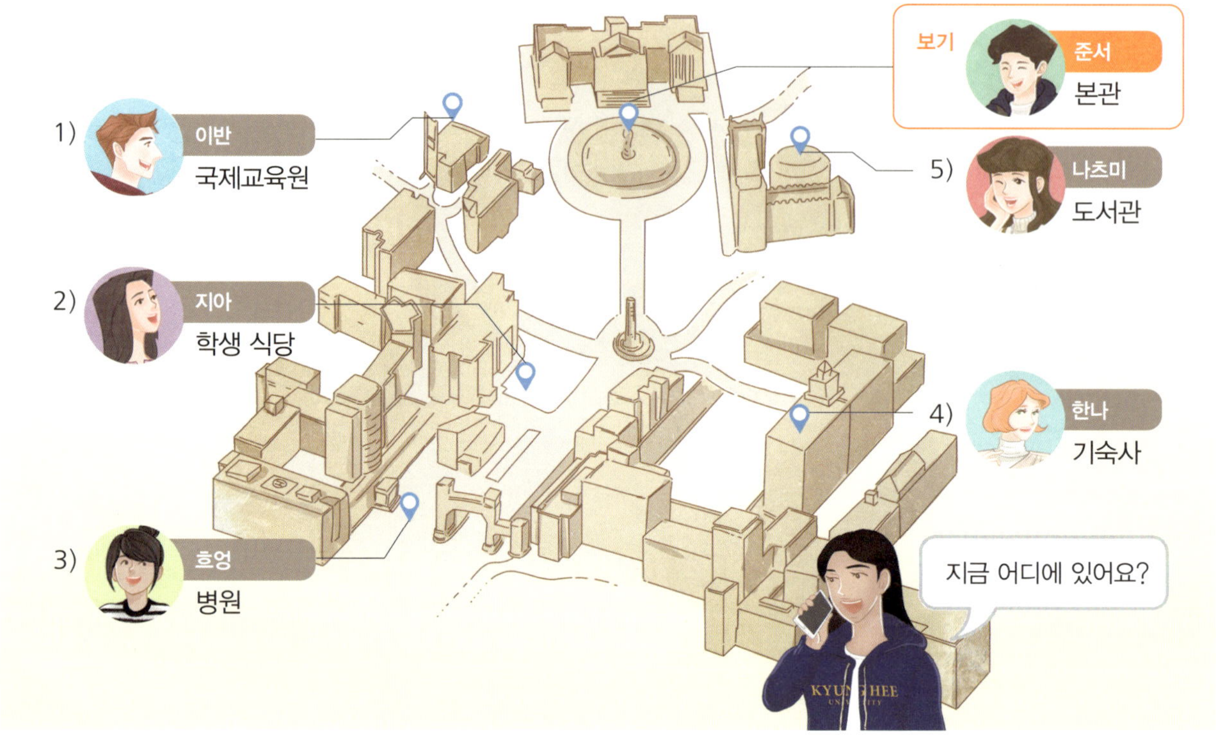

> 보기 가: 준서 씨, 지금 어디에 있어요?
> 나: 저는 지금 본관에 있어요.

본관 main building

연습 3 그림을 보고 〈보기〉와 같이 대화를 완성하십시오.

Look at the picture and complete the dialogues as shown in the example.

> 보기 가: 나츠미 씨는 어디에 살아요?
> 나: 회기동에 살아요.

연습 4 그림을 보고 대화를 완성하십시오.

Look at the pictures and complete the dialogues.

1) 루카스 씨,
오늘 뭐 해요?

저는 오늘 산에 가요.

2) 나츠미 씨,
지금 어디에 가요?

저는 ______________________.

3) 흐엉 씨,
어디에 가요?

오늘 좀 피곤해요.
그래서 ______________________.

4) 레아 씨,
왜 공항에 가요?

오늘 우리 가족이 ______________________.
그래서 공항에 가요.

연습 5 그림을 보고 〈보기〉와 같이 대화를 완성하십시오.

Look at the picture and complete the dialogues as shown in the example.

> **보기** 가: 교실에 무엇이 있어요?
> 나: 교실에 칠판이 있어요.

1) 가: 교실에 무엇이 있어요?
나: ______________________.

2) 가: 교실에 누가 있어요?
나: ______________________.

3) 가: 교실에 무엇이 많아요?
나: ______________________.

4) 가: 교실에 무엇이 없어요?
나: ______________________.

다음 그림을 보고 이야기하십시오.

Look at the following picture and practice speaking.

듣고 말하기 3과, 읽고 쓰기 3과에서 더 배워 보세요.

Learn more in Listening & Speaking Chapter 3,
Reading & Writing Chapter 3.

14 명사 하고

[문법] 50과에서 확인해 보세요. [Grammar] Please check in Chapter 50.

가: 냉장고에 뭐가 있어요?
나: **물하고 우유**가 있어요.

가: 어디에 자주 가요?
나: **명동하고 동대문 시장**에 자주 가요.

가: **누구하고 같이** 점심을 먹어요?
나: 저는 매일 **호엉하고** 점심을 먹어요.

연습 1 **그림을 보고 알맞은 단어를 골라 문장을 완성하십시오.**

Look at the pictures and complete the sentences by selecting the correct word.

사과	나무	침대	김밥	책상
꽃	라면	한국어	바나나	일본어

1) 

방에 침대하고 책상 이/가 있어요.

2) 

공원에 ______________ 이/가 많아요.

3) 

저는 ______________ 을/를 그려요.

4) 

두 사람은 ______________ 을/를 먹어요.

5) 

레아는 ______________ 을/를 공부해요.

연습 2 그림을 보고 대화를 완성하십시오.

Look at the pictures and complete the dialogues.

1) 뭘 찾아요?

휴지하고 치약을 찾아요.

2) 뭘 좋아해요?

______________________.

3) 친구 생일이에요.
뭘 선물해요?

______________________.

4) 장민 씨, 누구를
만나요?

______________________.

치약 toothpaste

연습 3 〈보기〉와 같이 문장을 완성하십시오.

Complete the sentences as shown in the example.

보기	형하고 같이 농구를 해요. (형)

1) ______________________ 저녁을 먹어요. (언니)

2) ______________________ 등산을 해요. (루카스)

3) ______________________ 노래방에 가요. (레아)

4) ______________________ 한국어로 이야기해요. (선생님)

연습 4 그림을 보고 대화를 완성하십시오.

Look at the pictures and complete the dialogues.

1) 레아 씨는 누구하고 영화를 봐요?

남자 친구하고 같이 영화를 봐요.

2) 이반 씨는 누구하고 쇼핑을 해요?

______________________.

3) 준서 씨는 누구하고 게임을 해요?

______________________.

4) 나츠미 씨는 누구하고 여행을 가요?

______________________.

다음 그림을 보고 이야기하십시오.

Look at the following picture and practice speaking.

읽고 쓰기 3과에서 더 배워 보세요.
Learn more in Reading & Writing Chapter 3.

15 단위 명사

[문법] 10과에서 배운 내용을 복습해 보세요. [Grammar] Please review what you learned in Chapter 10.

가: 반에 학생이 **몇 명**이에요?
나: **열두 명**이에요.

가: 필통에 볼펜이 **몇 개** 있어요?
나: 볼펜이 **세 개** 있어요.

가방에 책이 **두 권** 있습니다.

교실에 학생이 **열네 명** 있습니다.

연습 1 **그림을 보고 빈칸을 채우십시오.**

Look at the pictures and fill the blanks.

1) 한 개

2) ___ 명 / ___ 분

3) ___ 마리

4) ___ 장

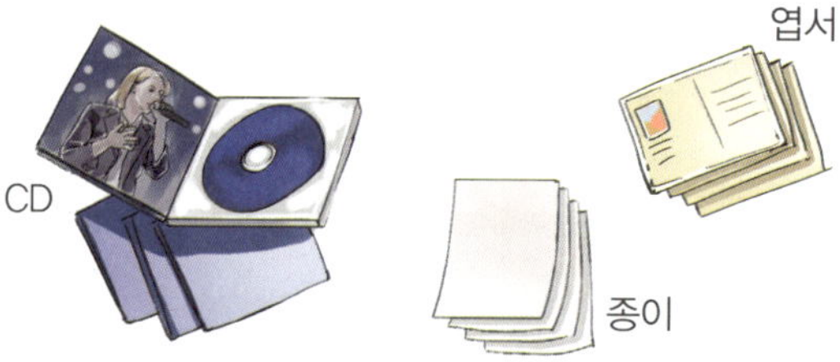

5) ___ 벌

6) ___ 권

7) ___ 대

8) ___ 켤레

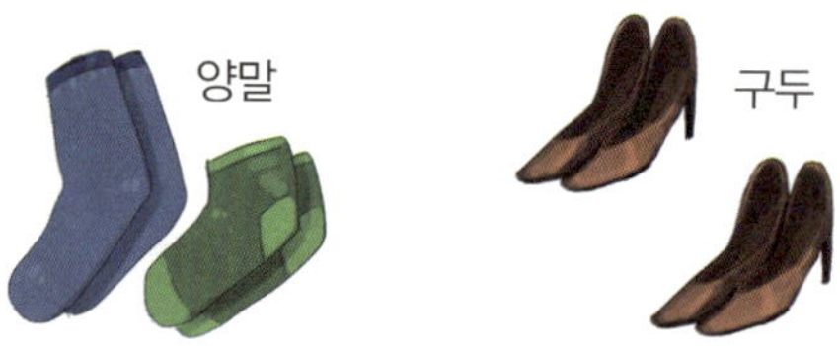

9) ___ 병

10) ___ 잔

11) ___ 그릇

12) ___ 송이

연습 2 다음을 듣고 맞는 것을 찾으십시오.

Listen and check ✓ the correct answer.

15-2

1) ☑  ☐ 

2) ☐  ☐ 

3) ☐  ☐ 

4) ☐  ☐ 

연습 3 그림을 보고 〈보기〉와 같이 이야기하십시오.

Look at the pictures and complete the dialogues as shown in the example.

보기 가: 꽃이 몇 송이 있어요?
나: 두 송이 있어요.

보기

1) 라면이 몇 그릇 있어요?

2) 고양이가 몇 마리 있어요?

3) 차가 몇 대 있어요?

4) 사람이 몇 명 있어요?

5) 포도가 몇 송이 있어요?

연습 4 **그림을 보고 〈보기〉와 같이 친구와 이야기해 보십시오.**

Look at the pictures and practice speaking with a friend as shown in the example.

보기	가: 마트에서 무엇을 사요? 나: 사과를 사요. 가: 사과가 얼마예요? 나: **사과가 4개**에 6,000원이에요.

특별 가격 special price

다음 그림을 보고 이야기하십시오.

Look at the following picture and practice speaking.

16 ㅂ 불규칙

가: 김치찌개가 어때요?

나: 조금 **매워요**.

가: 지아 씨, 생일 축하해요.

나: **고마워요**.

오늘은 날씨가 **춥습니다**.

나츠미의 가방이 **가볍습니다**.

연습 1 빈칸을 채우십시오.
Fill in the blanks.

	동사 아/어요	동사 (으)세요?	동사 습/ㅂ니다
덥다			
춥다			
가볍다			
무겁다			
돕다	도와요	도우세요?	
좁다			
입다	입어요		

연습 2 〈보기〉와 같이 문장을 완성하십시오.
Complete the sentences as shown in the example.

> 보기 오늘은 날씨가 더워요. (덥다)

1) 떡볶이가 조금 ______________________. (맵다)

2) 책이 많아요. 가방이 ______________________. (무겁다)

3) 샌드위치를 만들어요. 요리 방법이 정말 ______________________. (쉽다)

4) 이반은 친절해요. 친구들을 잘 ______________________. (돕다)

샌드위치 sandwich
요리 방법 recipe

연습 3 **알맞은 단어를 골라 대화를 완성하십시오.**

Complete the dialogues by selecting the correct word.

맵다	춥다	고맙다	뜨겁다	어렵다

1) 거기는 오늘 날씨가 어때요?

여기는 오늘 너무 추워요.

2) 조심해요. 커피가 ______.

네, 알겠어요.

3) 나츠미 씨, 생일 축하해요.

제 생일을 어떻게 알았어요? 정말 ______.

4) 한국어 공부는 어때요?

말하기는 재미있어요. 하지만 쓰기가 좀 ______.

5) 레아 씨, 비빔밥이 맛있어요?

네, 맛있어요. 하지만 조금 ______.

연습 4 〈보기〉와 같이 친구와 이야기해 보십시오.

Practice speaking with your friends as shown in the example.

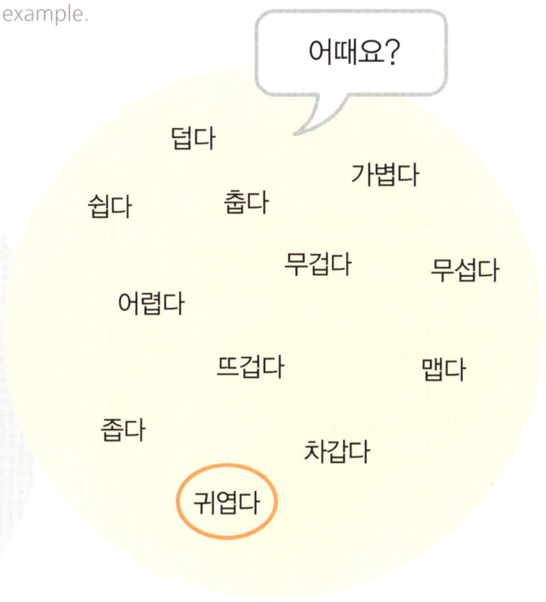

보기	가: 인형이 어때요? 나: 아주 **귀여워요**.

다음 그림을 보고 이야기하십시오.

Look at the following picture and practice speaking.

듣고 말하기 4과에서 더 배워 보세요.

Learn more in Listening & Speaking Chapter 4.

17 명사 은/는 2

가: 한국어 공부가 어때요?
나: **문법은** 쉬워요. 그런데 **말하기는** 어려워요.

가: 장민 씨는 한국 음식을 좋아해요?
나: **비빔밥은** 좋아해요. 하지만 **떡볶이는** 싫어해요.

사과는 작습니다. **수박은** 큽니다.

한국은 여름입니다. **호주는** 겨울입니다.

교실에는 텔레비전이 있습니다. 그러나 **제 방에는** 텔레비전이 없습니다.

연습 1 〈보기〉와 같이 문장을 완성하십시오.

Complete the sentences as shown in the example.

보기 흐엉은 여자입니다. 루카스는 남자입니다. (루카스, 남자)

1) 형은 학생입니다. ____________________. (누나, 선생님)

2) 강아지는 작습니다. ____________________. (사자, 크다)

3) 선생님은 태권도를 가르칩니다. ____________________. (학생, 태권도를 배우다)

4) 이 식당에는 사람이 많습니다. ____________________. (저 식당, 사람이 적다)

사자 lion

연습 2 〈보기〉와 같이 문장을 완성하십시오.

Complete the sentences as shown in the example.

보기 친구 방은 깨끗해요. 하지만 제 방은 더러워요. (제 방, 더럽다)

1) 여기는 도서관이에요. 그리고 ____________________. (저기, 학생 식당)

2) 서울은 맑아요. 하지만 ____________________. (제주도, 비가 오다)

3) 장민은 책을 읽어요. 그리고 ____________________. (이반, 영화를 보다)

4) 준서는 영어를 공부해요. 그리고 ____________________. (루카스, 한국어를 공부하다)

더럽다 to be dirty

연습 3 〈보기〉와 같이 문장을 써 보십시오.

Write a sentence as shown in the example.

커피

콜라

뜨겁다	차갑다

보기 커피는 뜨거워요. 콜라는 차가워요.

1)

볼펜

연필

길다	짧다

____

2)

운동장

교실

넓다	좁다

____

3)

남산서울타워

학교

높다	낮다

____

연습 4 〈보기〉와 같이 대화를 완성하십시오.
Complete the dialogues as shown in the example.

> 보기　가: 동생이 있어요?
> 나: 동생은 없어요. 하지만 언니는 있어요.

1) 가: 한국어 공부가 어때요?
   나: 문법은 쉬워요. 하지만 ______________________________.

2) 가: 이 식당의 음식이 어때요?
   나: 비빔밥은 맛있어요. 하지만 ______________________________.

3) 가: 레아 씨는 친구가 많아요?
   나: 고향에는 친구가 많아요. 하지만 ______________________________.

4) 가: 이반 씨는 운동을 좋아해요?
   나: 저는 야구는 좋아해요. 하지만 ______________________________.

5) 가: 선생님 전화번호를 몰라요?
   나: 네, 전화번호는 몰라요. 하지만 ______________________________.

연습 5 〈보기〉와 같이 서울과 고향의 다른 점에 대해서 이야기해 보십시오.
Talk about the differences between Seoul and your hometown as shown in the example.

	특징		특징
서울	과일이 비싸다	서울	
고향: 하노이	과일이 싸다	고향:	

보기

서울은 과일이 비싸요.
하노이는 과일이 싸요.

다음 그림을 보고 이야기하십시오.

Look at the following picture and practice speaking.

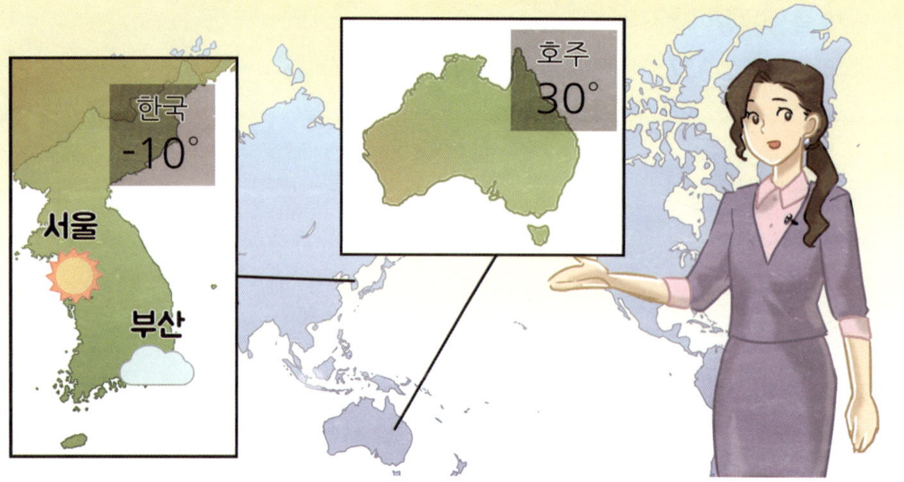

18 안 동사, 동사지 않다

[문법] 41과에서 확인해 보세요. [Grammar] Please check in Chapter 41.

18-1

가: 장민 씨, 이 케이크 좀 먹어요.
나: 미안해요. 저는 케이크를 **안 좋아해요**.

가: 오늘도 머리가 아파요?
나: 아니요, 이제 **아프지 않아요**.

이 식당은 음식이 **비싸지 않습니다**.

저는 청소를 자주 **하지 않습니다**. 그래서 제 방은 **깨끗하지 않습니다**.

연습 1 빈칸을 채우십시오.

Fill in the blanks.

	안 동사	동사 지 않습니다
많다	안 많아요	많지 않습니다
비싸다		
깨끗하다		
먹다		
가다		
좋아하다		
청소하다	청소(를) 안 해요	청소하지 않습니다/청소를 하지 않습니다
이야기하다		

연습 2 〈보기〉와 같이 문장을 바꾸십시오.

Change the sentences as shown in the example.

보기 저는 책을 읽어요. ➔ 저는 책을 안 읽어요.

1) 장민은 커피를 마셔요. ➔ ______________.

2) 교실이 깨끗해요. ➔ ______________.

3) 나츠미는 운동해요. ➔ ______________.

보기 저는 김치를 좋아합니다. ➔ 저는 김치를 좋아하지 않습니다.

4) 이 옷은 비쌉니다. ➔ ______________.

5) 레아는 아침을 먹습니다. ➔ ______________.

6) 흐엉은 지금 잡니다. ➔ ______________.

연습 3 **그림을 보고 〈보기〉와 같이 대화를 완성하십시오.**

Look at the pictures and complete the dialogues as shown in the example.

보기

가: 장민 씨, 요즘 수영을 배워요?

나: 아니요, 요즘은 수영을 안 배워요.

1)

가: 나츠미 씨는 떡볶이를 좋아해요?

나: 아니요, ______________________. 떡볶이는 너무 매워요.

2)

가: 장민 씨, 오늘 고향에 가요?

나: 아니요, ______________________. 친구하고 여행을 가요.

3)

가: 이반 씨, 요즘 운동해요?

나: 아니요, ______________________. 요즘 일이 너무 많아요.

4)

가: 요즘 학교에 사람이 많아요?

나: 아니요, 지금은 방학이에요. 그래서 사람이 ______________.

연습 4 **장민에 대한 소개 글을 완성하십시오.**

Look at the table to complete the introduction for Zhang Min.

이 사람은 제 친구 장민입니다. 장민은 경희대학교 학생입니다.

장민은 운동을 정말 좋아합니다. 그래서 장민은 친구들하고 자주 1) 운동을 합니다. 하지만 요리는 좋아하지 않습니다. 그래서 2) ______________________.

장민의 친구들은 모두 게임을 자주 합니다. 하지만 장민은 게임을 좋아하지 않습니다. 그래서 장민은 3) ______________________.

장민은 청소를 좋아하지 않습니다. 그래서 장민은 4) ______________________.

연습 5 여러분은 무엇을 자주 합니까? 무엇을 자주 하지 않습니까? 〈보기〉와 같이 친구와 이야기해 보십시오.
What do you often do? What do you often not do? Practice speaking with a friend as shown in the example.

보기	
가: 커피를 자주 마셔요? 나: 네, 자주 마셔요.	가: 커피를 자주 마셔요? 나: 아니요, 자주 **안 마셔요.**

1) ______ 을/를 마시다

주스

보기 커피

콜라

2) ______ 을/를 먹다

김밥

순대

치킨

떡볶이

3) ______ 에 가다

도서관

학생 식당

운동장

다음 그림을 보고 이야기하십시오.
Look at the following picture and practice speaking.

듣고 말하기 4과에서 더 배워 보세요.
Learn more in Listening & Speaking Chapter 4.

19 명사 에서

가: **어디에서** 점심을 먹어요?
나: 저는 보통 **학생 식당에서** 점심을 먹어요.

가: 우리 **어디에서** 만나요?
나: **학교 앞에서** 만나요.

친구가 **교실에서** 저를 기다립니다.

저는 룸메이트하고 **운동장에서** 축구를 합니다.

우리 형은 **한국 회사에서** 일합니다. 그리고 누나는 **대학교에서** 음악을 가르칩니다.

연습 1 **〈보기〉와 같이 문장을 완성하십시오.**

Complete the sentences as shown in the example.

보기 헬스장, 운동을 하다 → 헬스장에서 운동을 합니다.

1) 식당, 식사를 하다 → ______________________.

2) 학교, 수업을 듣다 → ______________________.

3) 편의점, 라면을 먹다 → ______________________.

4) 우체국, 편지를 보내다 → ______________________.

5) 마트, 과일하고 채소를 사다 → ______________________.

연습 2 **그림을 보고 알맞은 것을 연결하십시오. 그리고 문장을 완성하십시오.**

Look at the pictures and make connections. Then complete the sentences.

보기

서점

1)

도서관

2)

은행

3)

PC방

4)

화장실

숙제를 하다 · 돈을 찾다 · 손을 씻다 · 책을 사다 · 게임을 하다

보기 서점에서 책을 사요.

1) ______________________.

2) ______________________.

3) ______________________.

4) ______________________.

연습 3 **그림을 보고 〈보기〉와 같이 이야기해 보십시오.**
Look at the picture and practice speaking as shown in the example.

보기 먹다 마시다 구경하다 등산하다 수영하다 말을 타다 배를 타다 사진을 찍다 자전거를 타다

보기 루카스가 한국에서 등산을 해요. 준서가 한국에서 자전거를 타요.

연습 4 **그림을 보고 〈보기〉와 같이 이야기해 보십시오.**
Look at the pictures and practice speaking as shown in the example.

1) 

2) 

3) 

4) 

5) 

6) 

7) 

8) 

보기 가: 학교에서 뭐 해요?
나: 저는 학교에서 한국어를 배워요.

연습 5 **그림을 보고 〈보기〉와 같이 이야기해 보십시오.**

Look at the pictures and practice speaking as shown in the example.

1) 

2) 

3) 

4) 

5) 

6) 

7) 

8) 

보기 가: **어디에서** 숙제를 해요?
나: 저는 보통 **도서관에서** 숙제를 해요.

다음 그림을 보고 이야기하십시오.

Look at the following picture and practice speaking.

읽고 쓰기 **4과에서 더 배워 보세요.**
Learn more in Reading & Writing Chapter 4.

20 동사 고 1

[문법] 24과에서 확인해 보세요. [Grammar] Please check in Chapter 24.

20-1

가: 친구들은 기숙사에서 뭐 해요?
나: 한나는 **밥을 먹고** 이반은 텔레비전을 봐요.

가: 레아 씨, 많이 아파요?
나: 네, **열이 나고** 기침이 나요.

학생 식당은 **음식이 싸고** 맛있습니다.

이것은 **비빔밥이고** 저것은 불고기입니다.

연습 1 빈칸을 채우십시오.
Fill in the blanks.

	동사 고		명사 (이)고
덥다		책상	책상이고
예쁘다		학생	
친절하다		비빔밥	
가다		가수	가수고/가수이고
먹다		의자	
노래하다		불고기	

연습 2 〈보기〉와 같이 문장을 연결하십시오.
Connect the sentences as shown in the example.

> 보기 장민은 축구를 잘합니다. 그리고 한나는 수영을 잘합니다.
> ➔ 장민은 축구를 잘하고 한나는 수영을 잘합니다.

1) 루카스는 한국어를 배웁니다. 그리고 레아는 일본어를 배웁니다.

➔ ______________________________.

2) 자이툰은 주스를 마십니다. 그리고 이반은 커피를 마십니다.

➔ ______________________________.

3) 제 동생은 귀엽습니다. 그리고 똑똑합니다.

➔ ______________________________.

4) 기숙사 방이 넓습니다. 그리고 깨끗합니다.

➔ ______________________________.

연습 3 **〈보기〉와 같이 문장을 완성하십시오.**

Complete the sentences as shown in the example.

보기 저, 대학생, 동생, 고등학생 → 저는 대학생이고 동생은 고등학생입니다.

1) 장민, 중국 사람, 준서, 한국 사람 → ______________________.

2) 언니, 의사, 오빠, 선생님 → ______________________.

3) 여기, 기숙사, 저기, 도서관 → ______________________.

4) 이것, 문법 책, 저것, 말하기 책 → ______________________.

연습 4 **그림을 보고 〈보기〉와 같이 문장을 완성하십시오.**

Look at the pictures and complete the sentences as shown in the example.

보기

방이 크고 깨끗합니다.

1)

주스가 ______________________.

2)

강아지가 ______________________.

3)

지하철이 ______________________.

연습 5 그림을 보고 〈보기〉와 같이 이야기해 보십시오. 그리고 여러분의 반 친구들에 대해서도 이야기해 보십시오.

Look at the picture and practice speaking as shown in the example. Plactice talking about your classmates.

장민 친구들	우리 반 친구들
	〈 사진 붙이는 곳 〉

보기 　루카스는 키가 **크고** 머리가 짧아요. 그리고 **착하고** 재미있어요.
⋮

다음 그림을 보고 이야기하십시오.

Look at the following picture and practice speaking.

읽고 쓰기 4과에서 더 배워 보세요.
Learn more in Reading & Writing Chapter 4.

21 명사 에 2

[문법] 11과에서 배운 내용을 복습해 보세요. Please review what you learned in Chapter 11.

21-1

가: 수업이 **몇 시에** 시작해요?
나: **9시에** 시작해요.

가: **언제** 친구를 만나요?
나: **저녁에** 친구를 만나요.

나츠미는 **매일** 도서관에 갑니다.

다음 주 토요일에 준서의 생일 파티가 있습니다.

연습 1 〈보기〉와 같이 문장을 완성하십시오.

Complete the sentences as shown in the example.

보기 저녁에 집에서 요리해요. (저녁, 집에서 요리하다)

1) ______________________________. (겨울, 눈이 오다)

2) ______________________________. (생일, 케이크를 먹다)

3) ______________________________. (방학, 고향에 돌아가다)

4) ______________________________. (점심, 학생 식당에 가다)

5) ______________________________. (이번 주 토요일, 콘서트를 보다)

연습 2 문장을 완성하십시오.

complete the sentences.

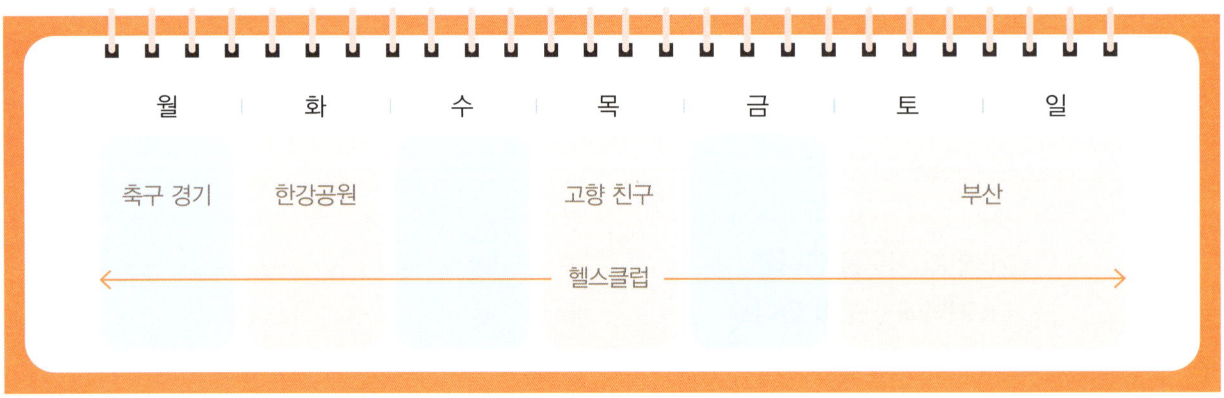

1) 월요일에 축구 경기가 있어요.

2) ______________________________.

3) ______________________________.

4) ______________________________.

5) ______________________________.

연습 3 **대화를 완성하십시오.**
Complete the dialogues.

1) 가: 몇 시에 저녁을 먹어요?
나: 7시에 저녁을 먹어요.

2) 가: 몇 시에 친구를 만나요?
나: ________________.

3) 가: 언제 조깅을 해요?
나: ________________.

4) 가: 언제 여행을 가요?
나: ________________.

5) 가: 언제 영화를 봐요?
나: ________________.

연습 4 **〈보기〉와 같이 이야기해 보십시오.**
Practice speaking as shown in the example.

8월 14일	**요리 수업 (2시)**	8월 23일	우리 반 회식
8월 16일	중간시험	8월 25일	태권도 동아리 모임 (5시)
8월 20일	현지 학습		

보기
가: 언제 요리 수업이 있어요?
나: 8월 14일 2시에 요리 수업이 있어요.

연습 5 여러분은 친구들과 약속을 자주 합니까? 〈보기〉와 같이 친구들과 한국어로 약속을 해 보십시오.

Do you often make plans with your friends? Practice making plans with your friends in Korean as shown in the example.

친구 이름	시간	장소
레아	내일 3시	홍대

보기

가: 레아 씨, 우리 언제 만나요?
나: **내일** 만나요.
가: **내일 몇 시에** 만나요?
나: **3시에** 만나요.
가: 어디에서 만나요?
나: 홍대에서 만나요.

다음 그림을 보고 이야기하십시오.

Look at the following picture and practice speaking.

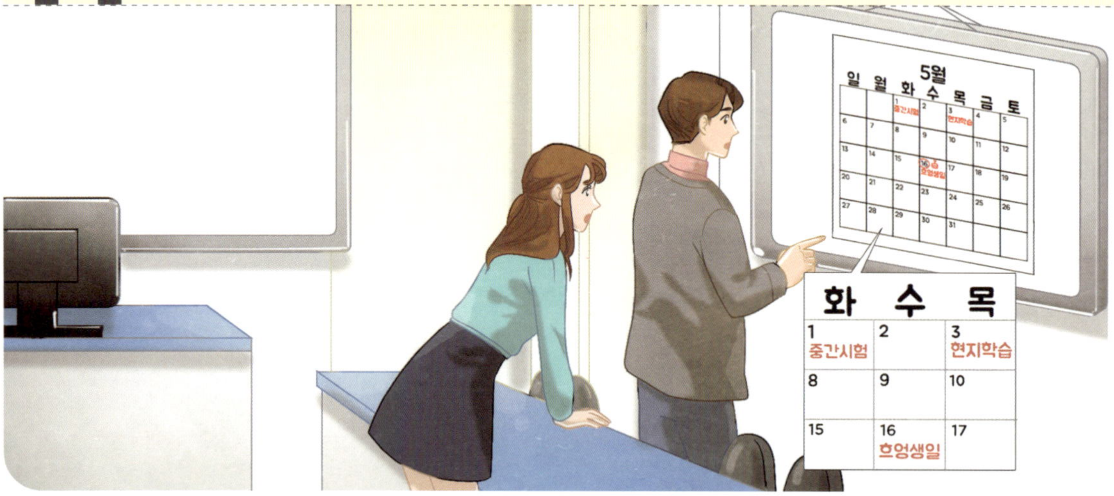

듣고 말하기 5과에서 더 배워 보세요.
Learn more in Listening & Speaking Chapter 5.

22 명사 도

가: 민호 씨 기숙사 방에 무엇이 있어요?
나: 제 방에는 옷장이 있어요. 그리고 **침대도** 있어요.

가: 나츠미 씨, 주말에 보통 뭐 해요?
나: 청소를 해요. 그리고 **산책도** 해요.

저는 슈퍼마켓에 자주 갑니다. 그리고 **빵집에도** 자주 갑니다.

흐엉은 학교에서 한국어를 공부합니다. **집에서도** 한국어를 공부합니다.

월요일에 한국 노래를 배웁니다. **수요일에도** 한국 노래를 배웁니다.

연습 1 〈보기〉와 같이 문장을 완성하십시오.
Complete the sentences as shown in the example.

> 보기 서점에 한국어 책이 있어요. 사전도 있어요. (사전)

1) 교실에 의자가 많아요. ______________ 많아요. (책상)

2) 나츠미는 그림을 그려요. ______________ 그림을 그려요. (흐엉)

3) 준서는 한국 사람이에요. ______________ 한국 사람이에요. (지아)

4) 루카스는 액션 영화를 좋아해요. ______________ 액션 영화를 좋아해요. (저)

연습 2 〈보기〉와 같이 문장을 완성하십시오.
Complete the sentences as shown in the example.

> 보기 루카스는 김밥을 먹어요. 그리고 떡볶이도 먹어요. (떡볶이)

1) 장민은 소포를 보내요. 그리고 ______________ 보내요. (편지)

2) 한나는 커피를 마셔요. 그리고 ______________ 마셔요. (물)

3) 저는 매일 조깅을 해요. 그리고 ______________ 해요. (수영)

4) 동생은 일본 노래를 알아요. 그리고 ______________ 알아요. (중국 노래)

연습 3 〈보기〉와 같이 대화를 완성하십시오.
Complete the dialogues as shown in the example.

> 보기 가방에 무엇이 있어요? ➜ 수첩이 있어요. 그리고 우산도 있어요.

1) 주말에 어디에 자주 가요? ➜ ______________

2) 보통 어디에서 공부해요? ➜ ______________

3) 언제 친구를 만나요? ➜ ______________

연습 4 그림을 보고 대화를 완성하십시오.

Look at the pictures and complete the dialogues.

1)

어디가 아프세요?

머리가 아파요. 그리고 목도 아파요.

2)

나츠미 씨, 요즘 뭐 배워요?

한국 요리를 배워요. 그리고 ________________.

3)

한나 씨는 무슨 음식을 좋아해요?

저는 비빔밥을 좋아해요. 그리고 ________________.

아, 저도 김치찌개를 좋아해요.

4)

장민 씨, 주말에 보통 뭐 해요?

등산을 해요. 그리고 ________________.

그래요? 수영은 어때요?

정말 재미있어요.

연습 5 그림을 보고 〈보기〉와 같이 이야기해 보십시오.

Look at the picture and practice speaking as shown in the example.

보기 교실에 컴퓨터가 있어요. **시계도** 있어요.

다음 그림을 보고 이야기하십시오.

Look at the following picture and practice speaking.

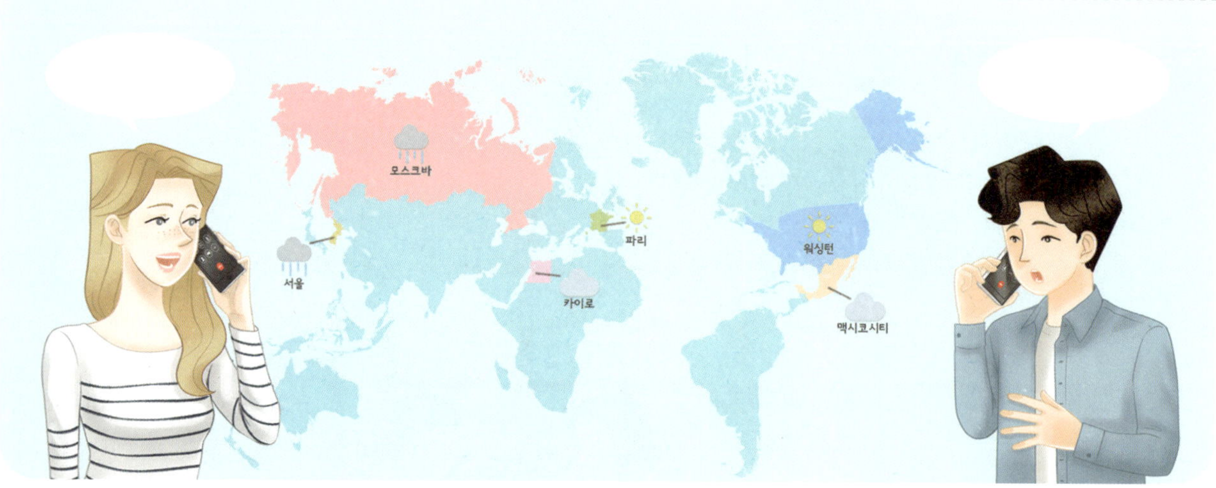

23 동사 았/었-

가: 지난 주말에 여행을 잘 **다녀왔어요**?
나: 네, 여행이 정말 **재미있었어요**.

가: 어제 저녁에 **운동했어요**?
나: 아니요, **운동 안 했어요**. 집에서 **쉬었어요**.

아침에 바람이 많이 **불었습니다**. 그리고 **추웠습니다**.

지난 주에 경복궁에 **갔습니다**. 경복궁은 넓고 **아름다웠습니다**.

연습 1 빈칸을 채우십시오.

Fill in the blanks.

	동사 았어요		동사 었어요		동사 했어요
많다	많았어요	적다		깨끗하다	깨끗했어요
싸다		재미있다		조용하다	
좋다		먹다	먹었어요	행복하다	
놀다		쉬다		공부하다	
앉다		주다		운동하다	
만나다		★춥다		요리하다	

연습 2 〈보기〉와 같이 문장을 완성하십시오.

Complete the sentences as shown in the example.

보기 어제 저녁에 고향 친구를 만났어요. (어제 저녁, 고향 친구를 만나다)

1) ______________________________. (아침, 빵을 먹다)

2) ______________________________. (어젯밤, 야구장에 가다)

3) ______________________________. (지난달, 한국에 오다)

4) ______________________________. (지난주 토요일, 영화를 보다)

5) ______________________________. (그저께, 날씨가 좋다)

연습 3 그림을 보고 대화를 완성하십시오.

Look at the pictures and complete the conversations.

1) 

가: 점심에 뭐 먹었어요?

나: 한식집에서 김치찌개를 먹었어요.

2) 

가: 주말에 어디에 다녀왔어요?

나: 가족하고 ______________________.

3) 

가: 휴일에 집에 있었어요?

나: 네, 집에서 ______________________.

4) 

가: 루카스 씨, 일요일에도 축구했어요?

나: 아니요, 일요일에는 한강공원에서 ______________.

5) 

가: 흐엉 씨, 콘서트가 재미있었어요?

나: 네, 정말 ______________________.

그리고 사람도 ______________________.

연습 4 **알맞은 단어를 골라 글을 완성하십시오.**

Complete the following text by the selecting the correct word.

하다	있다	만나다	즐겁다	돌아오다

저는 오늘 아침에 친구하고 약속이 1) 있었습니다. 집 근처 공원에서 친구를 2) ______________. 친구하고 조깅을 하고 농구도 3) ______________. 그리고 집에 4) ______________. 오늘은 정말 5) ______________.

연습 5 **여러분은 휴가에 무엇을 했습니까? 〈보기〉와 같이 휴가에 무엇을 했는지 친구와 이야기해 보십시오.**

What did you do last vacation or holiday? Look at the pictures and practice talking about what you did last vacation or holiday as shown in the example.

보기

장민: 지난 휴가에 뭐 **했어요**?
한나: 여행을 **갔어요**.
장민: 어디에 **갔어요**?
한나: 제주도에 **갔어요**.
장민: 제주도에서 뭐 **했어요**?
한나: 바다에서 수영을 **했어요**.
장민 씨는 방학에 뭐 **했어요**?
⋮

다음 그림을 보고 이야기하십시오.

Look at the following picture and practice speaking.

듣고 말하기 **5과에서 더 배워 보세요.**

Learn more in Listening & Speaking Chapter 5.

24 동작동사 고 2

가: 오늘 수업 **끝나고** 같이 명동에 가요.
나: 미안해요. 오늘은 태권도 수업이 있어요.

가: 지난 토요일에 뭐 했어요?
나: 동생하고 영화를 **보고** 쇼핑했어요.

어제 친구를 **만나고** 집에 돌아왔습니다.

연습 1 〈보기〉와 같이 문장을 연결하십시오.

Connect the sentences as shown in the example.

> 보기 세수를 해요. 그리고 이를 닦아요.
>
> ➔ 세수를 하고 이를 닦아요.

1) 손을 씻어요. 그리고 요리를 해요.

➔ ______________________________.

2) 드라마를 봐요. 그리고 잠을 자요.

➔ ______________________________.

3) 숙제를 했어요. 그리고 텔레비전을 봤어요.

➔ ______________________________.

4) 저녁에 운동을 했어요. 그리고 샤워를 했어요.

➔ ______________________________.

연습 2 그림을 보고 문장을 완성하십시오.

Look at the pictures and complete the sentences.

1)

저녁을 먹고 설거지를 했어요.
(저녁을 먹다)

2)

______________ 잠을 자요.
(일기를 쓰다)

3)

______________ 노래방에 갔어요.
(생일 파티를 하다)

4)

______________ 친구들하고 여행을 가요.
(시험이 끝나다)

연습 3 그림을 보고 〈보기〉와 같이 이야기해 보십시오.

Look at the pictures and practice speaking as shown in the example.

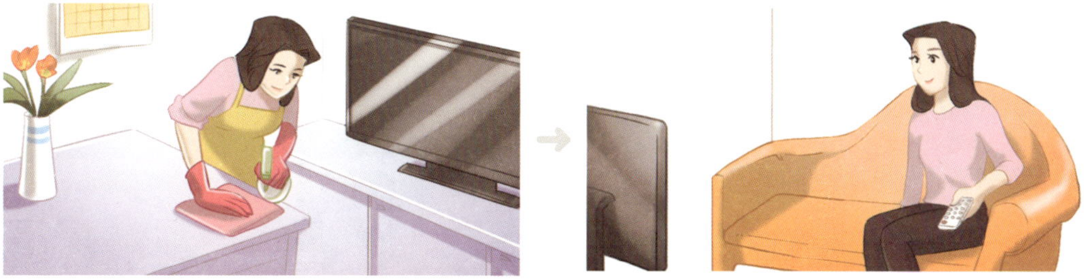

보기 가: 지아 씨, 지난 주말에 뭐 했어요?

나: 집에서 청소하고 쉬었어요.

1) 

2) 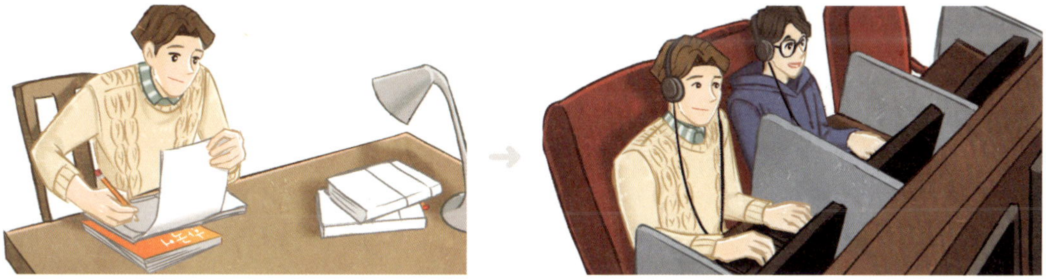

3) 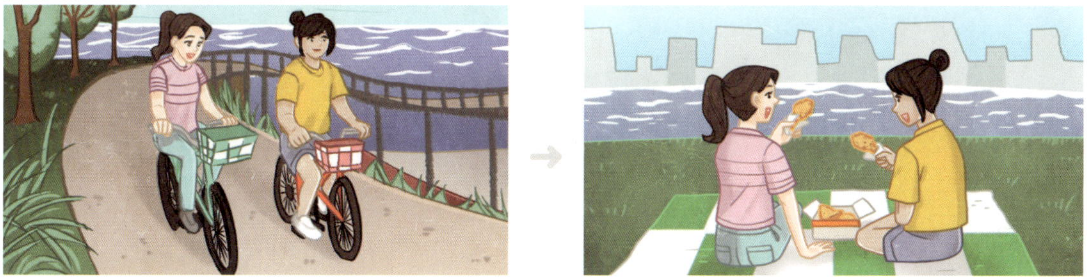

4) 

연습 4 나츠미의 하루 일과입니다. 그림을 보고 〈보기〉와 같이 이야기해 보십시오.

The following is Natsumi's daily schedule. Look at the pictures and practice speaking as shown in the example.

보기 세수를 **하고** 아침을 먹어요.

1) 

2) 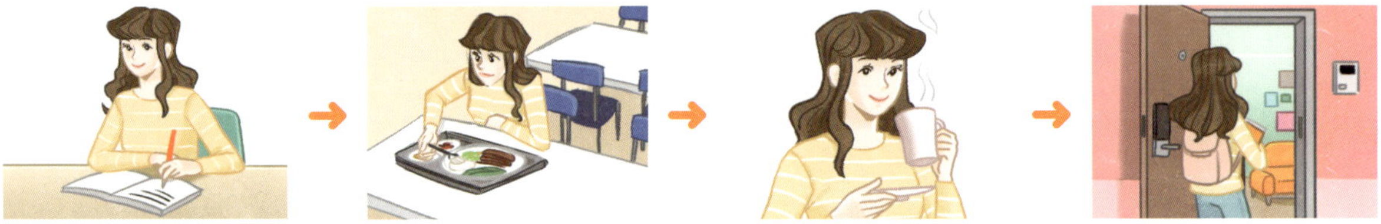

3)  → ? → ? → ?

다음 그림을 보고 이야기하십시오.

Look at the following picture and practice speaking.

25 동작동사 고 싶다

가: 흐엉 씨, 점심에 뭐 **먹고 싶어요**?
나: 불고기를 **먹고 싶어요**.

가: 장민 씨, 수업이 끝나고 뭐 **하고 싶어요**?
나: 영화를 **보고 싶어요**.

저는 가방을 **사고 싶습니다**.

저는 커피를 **마시고 싶었습니다**.

연습 1 빈칸을 채우십시오.

Fill in the blanks.

	동작동사 고 싶어요	동작동사 고 싶습니다	동작동사 고 싶었습니다
먹다	먹고 싶어요		
받다			
사다			
읽다			
마시다			
공부하다			

연습 2 알맞은 단어를 골라 문장을 완성하십시오.

Complete the sentences by selecting the correct word.

가다	먹다	주다	살다	만나다

1) 내일은 휴일입니다. 그래서 저는 콘서트에 가고 싶습니다.

2) 가족이 고향에 있습니다. 저는 가족을 ________________.

3) 저는 한국을 좋아합니다. 그래서 계속 한국에 ________________.

4) 내일은 친구 생일입니다. 저는 선물을 ________________.

5) 어제 요리 방송에서 비빔밥을 봤습니다. 그래서 비빔밥을 ________________.

방송 broadcasting

연습 3 **그림을 보고 대화를 완성하십시오.**

Look at the pictures and complete the dialogues.

1) 

가: 흐엉 씨, 뭐 마시고 싶어요?

나: 저는 아이스티를 마시고 싶어요.

2) 

가: 나츠미 씨, 주말에 뭐 하고 싶어요?

나: 영화관에서 영화를 ____________________.

3) 

가: 방학에 뭐 하고 싶어요?

나: 가족들하고 부산에 ____________________.

4) 

가: 토요일에 뭐 하고 싶어요?

나: 한강공원에서 ____________________.

연습 4 여러분의 소원을 메모하고 〈보기〉와 같이 친구와 이야기해 보십시오.

Make a note of your wishes and practice talking with your friends.

30대에	한국에서	
결혼하고 싶어요		

다음 그림을 보고 이야기하십시오.

Look at the following picture and practice speaking.

읽고 쓰기 5과에서 더 배워 보세요.

Learn more in Reading & Writing Chapter 5.

26 동작동사 고 싶어 하다

가: 자이튼 씨, 준서는 뭐 **하고 싶어 해요**?
나: 준서는 축구를 **하고 싶어 해요.**

가: 이반 씨, 흐엉은 어디에 **가고 싶어 해요**?
나: 흐엉은 제주도에 **가고 싶어 해요.**

레아는 생일에 가방을 **받고 싶어 합니다.**

루카스는 태권도를 **배우고 싶어 했습니다.**

연습 1 **빈칸을 채우십시오.**
Fill in the blanks.

	동작동사 고 싶어 해요	동작동사 고 싶어 합니다	동작동사 고 싶어 했습니다
가다	가고 싶어 해요		
놀다			
사다			
만나다			
운동하다			

연습 2 **〈보기〉와 같이 문장을 완성하십시오.**
Complete the sentences as shown in the example.

보기 장민 씨는 이번 휴일에 제주도에서 말을 타고 싶어 해요.

1) 나츠미는 이번 휴일에 ______________________.

2) 레아는 이번 휴일에 ______________________.

3) 이반은 이번 휴일에 ______________________.

4) 흐엉은 이번 휴일에 ______________________.

5) ______________________.

연습 3 〈보기〉와 같이 문장을 완성하십시오.

Complete the sentences as shown in the example.

보기 저는 커피를 마시고 싶어요. 하지만 루카스는 주스를 마시고 싶어 해요. (주스)

1) 저는 축구를 하고 싶어요. 하지만 준서는 ______________________. (농구)

2) 저는 부산에 가고 싶어요. 하지만 한나는 ______________________. (제주도)

3) 저는 생일에 가방을 받고 싶어요. 하지만 나츠미는 ______________________. (신발)

4) 저는 탁구를 배우고 싶어요. 하지만 장민은 ______________________. (수영)

연습 4 여러분은 다른 사람의 소원을 말할 수 있습니까? 다른 사람의 소원을 이야기해 보세요.

Can you say other people's wishes? Tell us other people's wishes.

보기

한나는 대학원에 **가고 싶어 해요.**

다음 그림을 보고 이야기하십시오.

Look at the following picture and practice speaking.

27 동작동사 (으)세요, 동작동사 (으)십시오

가: 저기요, 서점이 어디에 있어요?
나: 지하 1층에 있어요. **내려가세요.**

가: 주문하시겠습니까?
나: 비빔밥 두 그릇 **주세요.**

연습 1 빈칸을 채우십시오.

Fill in the blanks.

	동작동사 으세요	동작동사 으십시오
씻다		
앉다		
찍다		
★먹다	드세요	드십시오
★있다		

	동작동사 세요	동작동사 십시오
가다	가세요	가십시오
쓰다		
기다리다		
★자다		
★마시다		

연습 2 그림을 보고 <보기>와 같이 문장을 완성하십시오.

Look at the pictures and complete the sentences as shown in the example.

보기

이반 씨, 잠깐만 기다리세요. (기다리다)

1)

손님, 이쪽으로 ______________________. (앉다)

2)

장민 씨, 친구하고 ______________________. (이야기하다)

3)

저기요, 저 커피 한 잔 ______________________. (주다)

4)

엄마, 사과 ______________________. (먹다)

연습 3 그림을 보고 알맞은 단어를 골라 대화를 완성하십시오.

Look at the pictures and complete the dialogues by selecting the correct words.

주다	쓰다	사귀다	올라가다

1) 

가: 여기요, 김치 좀 더 주세요.

나: 네. 잠시만요.

2) 

가: 저는 한국어를 잘하고 싶어요.

나: 그럼 한국 친구들을 많이 ______________________.

3) 

가: 저기요, 우체국이 어디에 있어요?

나: 2층에 있어요. ______________________.

4) 

가: 요즘 공기가 너무 안 좋아요.

나: 맞아요. 마스크를 꼭 ______________________.

연습 4 그림을 보고 문장을 완성하십시오.

Look at the pictures and complete the sentences.

1) 

똑바로 가십시오. (가다)

2) 

도서관입니다. 조용히 ______________. (하다)

3) 

이쪽 계단을 ______________. (이용하다)

4) 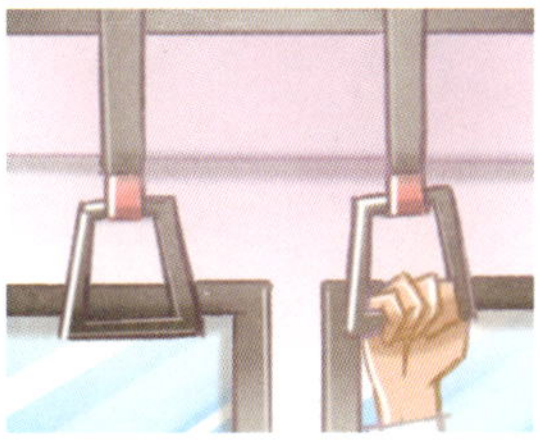

손잡이를 꼭 ______________. (잡다)

다음 그림을 보고 이야기하십시오.
Look at the following picture and practice speaking.

듣고 말하기 6과에서 더 배워 보세요.
Learn more in Listening & Speaking Chapter 6.

28 명사 (으)로 1

가: 이 근처에 은행이 어디에 있습니까?
나: 이 건물 3층에 있어요. **3층으로** 올라가세요.

가: 한나 씨, 지금 어디에 있어요?
나: 교실에 있어요. **교실로** 오세요.

지난달에 **일본으로** 여행을 다녀왔습니다.

뒤로 돌아가십시오.

돌아가다 to go back

연습 1 빈칸을 채우십시오.
Fill in the blanks.

	명사 으로		명사 로
2층	2층으로	위	
은행		지하	
일본		학교	
오른쪽		★사무실	사무실로

연습 2 그림을 보고 대화를 완성하십시오.
Look at the pictures and complete the conversation.

1) 

가: 흐엉 씨, 오후에 제 사무실로 오세요.

나: 네, 알겠습니다.

2) 

가: 실례지만 영화관이 어디에 있어요?

나: 7층에 있습니다. ____________ 올라가세요.

3) 

가: 한나 씨, 저 지금 명동역에 도착했어요.

나: 그래요? 그럼 ____________ 나오세요.

4) 

가: 타냐 씨, ____________ 내려오세요.

나: 네, 알겠습니다.

5) 

가: 장민 씨, ____________ 나오세요.

나: 네, 선생님.

연습 3 그림을 보고 대화를 완성하십시오.

Look at the pictures and complete the dialogues.

1) 

가: 장민 씨, 저는 7층이에요. 지금 몇 층에 있어요?

나: 4층에 있어요. 4층으로 내려오세요.

가: 네, 알겠어요.

2) 

가: 여러분, 점심을 먹고 ____________________.

나: 네, 알겠습니다.

3) 

가: 화장실이 어디에 있어요?

나: 밖에 있어요. ____________________.

문 바로 오른쪽에 있어요.

4) 

가: 지금 회의 시작했어요?

나: 네, 시작했어요. 빨리 ____________________.

5) 

가: 주차장이 어디에 있어요?

나: 지하 2층에 있습니다. ____________________.

가: 네, 감사합니다.

정문 main gate

연습 4 주사위 게임입니다. 〈보기〉와 같이 친구와 게임을 해 보십시오.

The following is a dice game. Play the game with a friend.

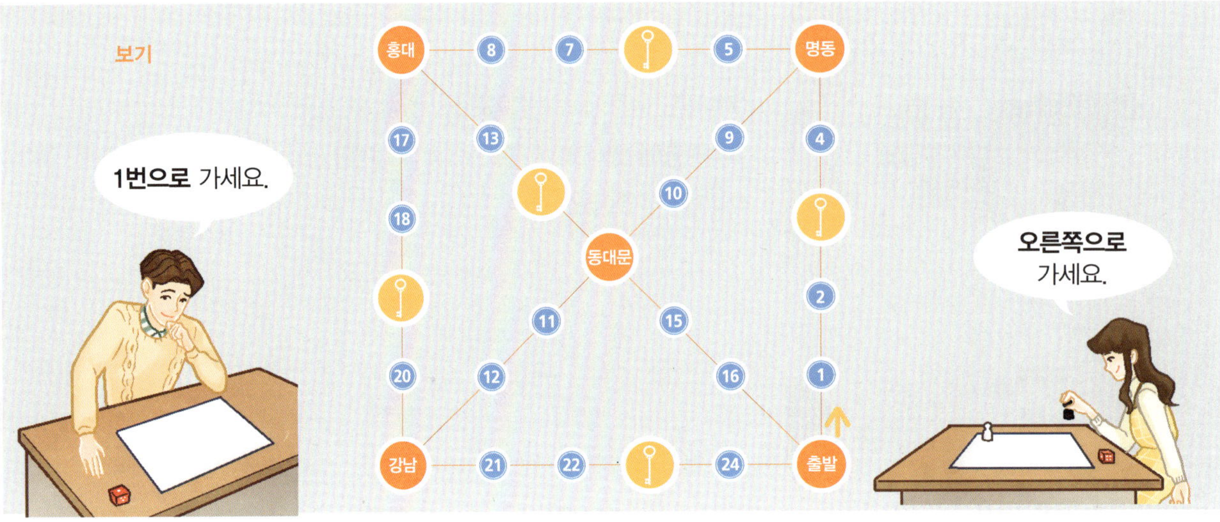

게임 방법

1. 두 팀으로 나누세요. Divide in two teams.
2. 가위바위보를 해서 이긴 팀이 먼저 주사위를 던지세요. 그리고 나온 숫자만큼 가세요.
   Play the Rock-scissors-paper game and the winning team rolls the dice. Move the number of squares the dice shows.
3. 말을 움직일 때는 꼭 같은 팀 친구에게 '–(으)로'를 사용해서 이야기하세요.
   When moving, make a sentence with '-(으)로' to your teammate.

   ※ '–(으)로'를 사용하지 않고 말을 움직이면 한 칸 뒤로 갑니다.
   If you don't make a sentence with '-(으)로', you will move one space backwards.
4. 명동, 홍대, 강남, 동대문에서는 다른 방향으로 바꿀 수 있어요.
   You can change directions at Myungdong, Hongdae, Kangnam and Dongdaemun.
5. 황금열쇠로 가면 카드를 한 장 받으세요. 카드에는 선물과 벌칙이 모두 있어요.
   If you get to the golden key, take one card. The card has both a prize or penalty.
6. 처음 출발한 곳에 가장 먼저 도착하는 팀이 이겨요.
   The team that arrives to the finish line wins the game.

295쪽, 활동지 활용

다음 그림을 보고 이야기하십시오.

Look at the following picture and practice speaking.

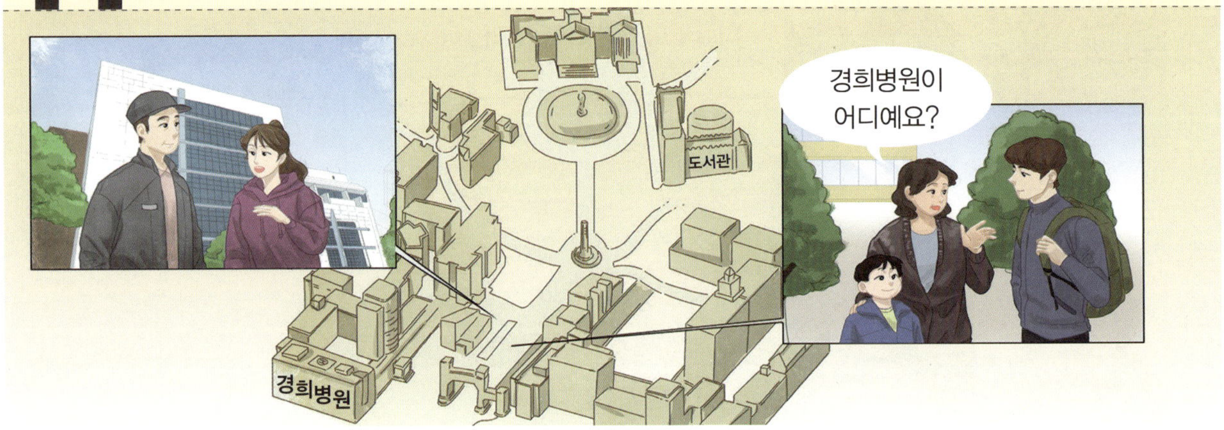

29 명사 에게/한테/께

가: 루카스 씨, 숙제 다 했어요? **저한테** 공책을 주세요.
나: 네, 여기 있어요.

가: 이반 씨, 경희대 근처에 은행이 있어요?
나: 글쎄요, 잘 모르겠어요. **장민에게** 물어봐요.

저는 어제 **고향 친구에게** 편지를 보냈습니다.

준서는 어제 **아버지께** 구두를 드렸어요.

연습 1 〈보기〉와 같이 문장을 완성하십시오.

Complete the sentences as shown in the example.

보기	흐엉, 친구, 편지, 보내다	흐엉이 친구에게 편지를 보냅니다.

1) 언니, 동생, 인형, 주다 → 언니가 ____________________.

2) 레아, 한나, 숙제, 물어보다 → 레아가 ____________________.

3) 타냐, 첸, 전화, 하다 → 타냐가 ____________________.

4) 이반, 부모님, 선물, 드리다 → 이반이 ____________________.

연습 2 그림을 보고 알맞은 표현을 골라 문장을 완성하십시오.

Look at the pictures and complete the sentences by selecting the correct expression.

꽃을 주다 / 선물을 주다 / 메시지를 보내다 / 피아노를 가르치다 / 숙제를 물어보다

1) 

지아 ▶ 나츠미

→ 지아가 나츠미에게 선물을 줍니다.

2) 

언니 ▶ 동생

→ ____________________.

3) 

나츠미 ▶ 한나

→ ____________________.

4) 

흐엉 ▶ 루카스

→ ____________________.

5) 

레아 ▶ 김 선생님

→ ____________________.

연습 3 〈보기〉와 같이 대화를 완성하십시오.

Complete the dialogues as shown in the example.

보기 가: 루카스 씨, 누구한테 책을 줬어요?
나: 레아한테 책을 줬어요.

1)

가: 장민 씨, 누구한테 꽃을 줬어요?
나: ____________________.

2)

가: 이반 씨, 누구한테 소포를 보내요?
나: ____________________.

3)

가: 자이튼 씨, 누구한테 전화를 해요?
나: ____________________.

보기 가: 경희대 근처에 한국 식당이 있어요?
나: 장민한테 물어봐요. 장민이 경희대 근처를 잘 알아요. (장민, 물어보다)

4) 가: 나츠미 씨, 숙제 다 했어요?
나: 네, 다 했어요. 그래서 아까 ____________________. (선생님, 드리다)

5) 가: 오늘 루카스가 회식에 안 와요?
나: 네, 안 와요. 아까 루카스가 ____________________. (저, 이야기하다)

연습 4 아래의 표를 완성하고 〈보기〉와 같이 친구에게 이야기해 보십시오.

Complete the table below and practice speaking with your classmates as shown in the example.

> 보기 저는 **준서한테** 게임 CD를 주고 싶어요.
> 저는 **나츠미한테** 생일을 물어보고 싶어요.
> ⋮

꽃	생일	게임 CD	비밀	숙제	일본어	전화번호
보내다	주다(드리다)	선물하다	이야기하다	물어보다	가르치다	

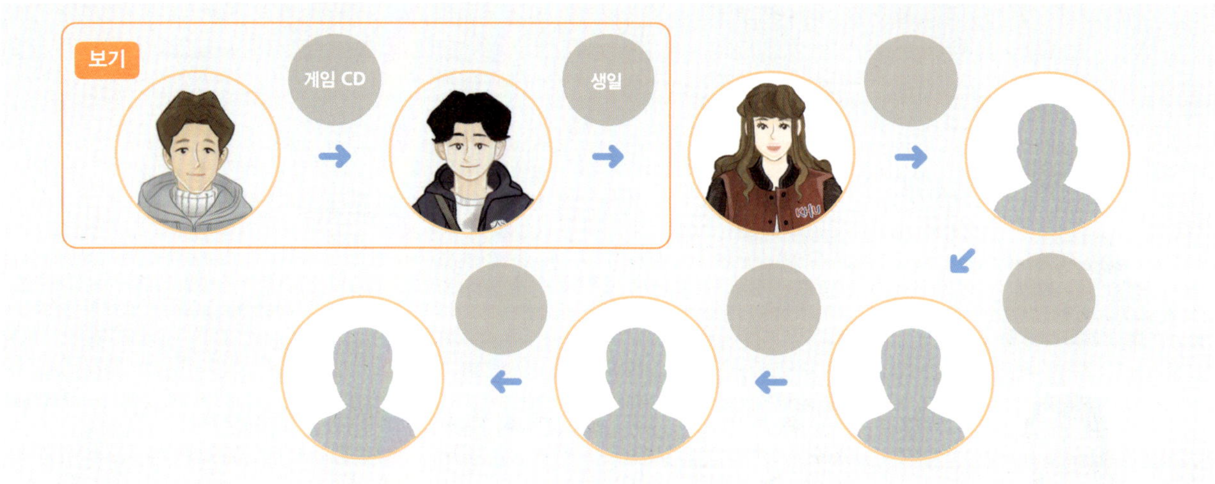

비밀 secret

다음 그림을 보고 이야기하십시오.

Look at the following picture and practice speaking.

읽고 쓰기 7과에서 더 배워 보세요.
Learn more in Reading & Writing Chapter 7.

30 으 탈락

가: 레아 씨, 요즘 많이 **바빠요**?
나: 네, 좀 **바빠요**. 숙제가 많아요.

가: 여기가 우리 학교예요.
나: 와! 학교가 정말 **커요**.

어제 머리가 너무 **아팠습니다**.

불을 **끄고** 일찍 잤습니다.

연습 1 빈칸을 채우십시오.
Fill in the blanks.

	동사 아/어요	동사 았/었어요	동사 습/ㅂ니다
고프다			
기쁘다			기쁩니다
나쁘다			
슬프다			
아프다			
끄다			
쓰다	써요		

연습 2 문장을 바꾸십시오.
Change the sentences.

1) 영화가 슬프다 → 영화가 슬퍼요.

2) 사과가 크다 → ______________.

3) 날씨가 나쁘다 → ______________.

4) 머리가 아프다 → ______________.

5) 여자 친구가 예쁘다 → ______________.

연습 3 문장을 바꾸십시오.

Change the sentences.

1) 어제 배가 아프다 → 어제 배가 아팠어요.

2) 지난주에 너무 바쁘다 → ______________.

3) 친구 결혼식에 꽃이 예쁘다 → ______________.

4) 지난 방학에 가족에게 편지를 쓰다 → ______________.

5) 어젯밤에 영화를 보고 텔레비전을 끄다 → ______________.

연습 4 알맞은 단어를 골라 문장을 완성하십시오.

Complete the sentences by selecting the correct word.

크다	고프다	기쁘다	바쁘다	아프다

1) 일이 많아요. 지금 좀 바빠요. (-아/어요)

2) 운동을 많이 했습니다. 다리가 ______________. (-습/ㅂ니다)

3) 아침을 안 먹었어요. 배가 아주 ______________. (-아/어요)

4) 준서는 키가 커요. 준서 형도 키가 ______________. (-아/어요)

5) 생일 선물을 많이 받았어요. 그래서 아주 ______________. (-았/었어요)

연습 5 그림을 보고 대화를 완성하십시오.

Look at the pictures and complete the dialogues.

끄다	쓰다	바쁘다	아프다	예쁘다

1) 루카스 씨, 어디에 가요?

배가 아파요.
그래서 병원에 가요.

2) 준서 씨, 오늘 시간 있어요?

미안해요. 오늘은 좀 ______________.

3) 가방이 아주 ______________.

고마워요. 어제 홍대에서 샀어요.

4) 레아 씨,
장민 생일 선물을 샀어요?

네, 선물도 사고 생일 카드도 ______________.

5) 지훈 씨, 에어컨은 ______________?

네, 제가 ______________.

다음 그림을 보고 이야기하십시오.

Look at the following picture and practice speaking.

듣고 말하기 **6과에서 더 배워 보세요.**

Learn more in Listening & Speaking Chapter 6.

31 동사 지만

가: 흐엉 씨 언니는 키가 커요?
나: 네, 저는 키가 **작지만** 언니는 키가 커요.

가: 장민 씨는 누나가 있어요?
나: 아니요, 여동생은 **있지만** 누나는 없어요.

여름은 **덥지만** 겨울은 추워요.

저는 **학생이지만** 오빠는 회사원입니다.

어제는 비가 **왔지만** 오늘은 날씨가 맑습니다.

연습 1 **알맞은 단어를 골라 〈보기〉와 같이 문장을 완성하십시오.**

Complete the sentences by selecting the correct words as shown in the example.

길다	많다	크다	맛있다	좋아하다

1) 수박은 크지만 사과는 작아요.

2) 라면은 ________________ 냉면은 맛없어요.

3) 이 바지는 ________________ 저 바지는 짧아요.

4) 수영은 ________________ 조깅은 싫어해요.

5) 우리 반에 여학생은 ________________ 남학생은 적어요.

연습 2 **〈보기〉와 같이 문장을 연결하십시오.**

Connect the sentences as shown in the example.

보기 저는 축구를 좋아해요. 하지만 친구는 축구를 안 좋아해요.

➔ 저는 축구를 좋아하지만 친구는 축구를 안 좋아해요.

1) 첸은 신문을 읽어요. 하지만 나츠미는 신문을 안 읽어요.

➔ ____.

2) 한나는 영화를 자주 봐요. 하지만 준서는 영화를 자주 안 봐요.

➔ ____.

3) 장민은 숙제를 했어요. 하지만 이반은 숙제를 하지 않았어요.

➔ ____.

4) 레아는 골프를 배웠어요. 하지만 흐엉은 골프를 배우지 않았어요.

➔ ____.

연습 3 〈보기〉와 같이 문장을 연결하십시오.

Connect the sentences as shown in the example.

보기 저는 녹차를 마셔요. 하지만 커피는 안 마셔요. → 저는 녹차를 마시지만 커피는 안 마셔요.

1) 루카스는 야구를 좋아해요. 하지만 축구는 안 좋아해요. → ______________________.

2) 지아는 춤을 잘 춰요. 하지만 노래는 못해요. → ______________________.

3) 제 방에 텔레비전이 있어요. 하지만 냉장고는 없어요. → ______________________.

4) 저는 고향에서는 피아노를 쳤어요. 하지만 한국에서는 피아노를 안 쳐요. → ______________________.

못하다 to be bad

연습 4 그림을 보고 〈보기〉와 같이 문장을 완성하십시오.

Look at the pictures and complete the sentences as shown in the example.

보기  비빔밥은 맵지만 맛있어요. (맵다, 맛있다)

1) 

제 방은 조금 ______________________. (좁다, 깨끗하다)

2) 

태권도 수업은 ______________________. (힘들다, 재미있다)

3) 

지하철은 ______________________. (편리하다, 사람이 많다)

4) 

제 휴대폰은 ______________________. (비싸다, 디자인이 예쁘다)

5) 

KTX열차는 ______________________. (빠르다, 요금이 비싸다)

연습 5 〈보기〉와 같이 문장을 완성하십시오.

Complete the sentences as shown in the example.

보기

재미있다	재미없다
영화	뉴스
태권도	축구

➤ 영화는 재미있지만 뉴스는 재미없어요.

➤ 태권도는 재미있지만 축구는 재미없어요.

1)

싸다	비싸다
티셔츠	코트

➤ ______________________________.

➤ ______________________________.

2)

가깝다	멀다
중국	미국

➤ ______________________________.

➤ ______________________________.

3)

쉽다	어렵다
말하기	쓰기

➤ ______________________________.

➤ ______________________________.

4)

잘하다	못하다
야구	농구

➤ ______________________________.

➤ ______________________________.

연습 6 친구와 여러분의 물건에 대해 이야기해 보십시오.

Ask and asnwer questions with a friend about what you have.

그게 뭐예요?	그 물건은 어때요?	
	☹	☺
카메라	비싸다	가볍다, 좋다

보기

가: 그게 뭐예요?

나: 제 카메라예요.

가: 그 카메라는 어때요?

나: 가격은 좀 **비싸지만** 가볍고 좋아요.

다음 그림을 보고 이야기하십시오.

Look at the following picture and practice speaking.

읽고 쓰기 6과에서 더 배워 보세요.

Learn more in Reading & Writing Chapter 6.

32 명사 보다

가: 러시아는 겨울에 눈이 많이 와요?
나: 네, **한국보다** 눈이 더 많이 와요.

가: 포도를 좋아해요? 딸기를 좋아해요?
나: 딸기요. 저는 **포도보다** 딸기를 좋아해요.

지하철이 **버스보다** 빠르고 편리합니다.

루카스는 **축구보다** 야구를 더 잘합니다.

연습 1 〈보기〉와 같이 문장을 완성하십시오.

Complete the sentences as shown in the example.

보기

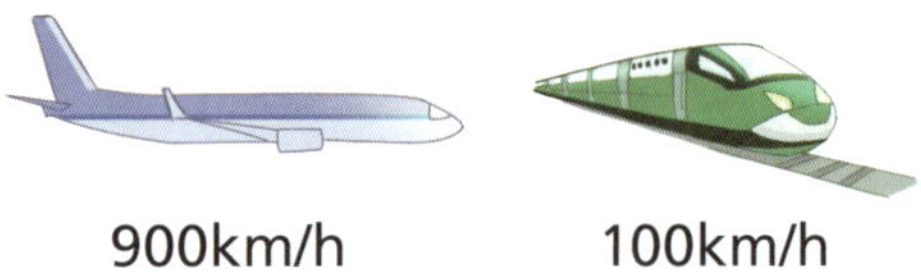

비행기가 기차보다 빠릅니다.

1)

운동화가 ______________ 편합니다.

2)

교실에 남학생이 ______________ 많습니다.

3)

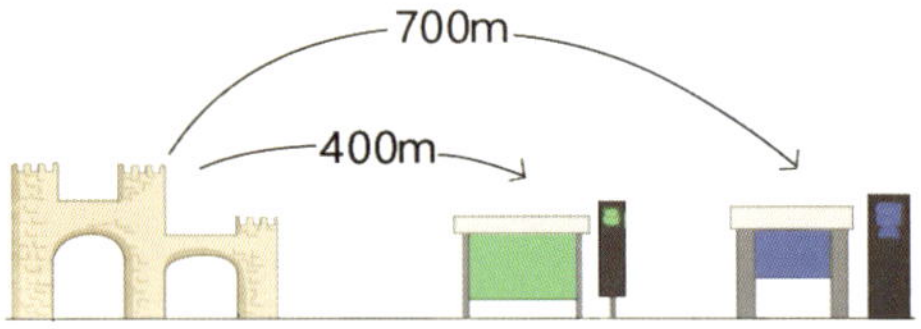

학교에서 버스 정류장이 ______________ 가깝습니다.

4)

루카스가 ______________ 키가 큽니다.

연습 2 〈보기〉와 같이 문장을 완성하십시오.

Complete the sentences as shown in the example.

보기

저는 영어보다 한국어을/를 잘해요.

1)

장민은 ______________ 을/를 자주 마셔요.

2)

이반은 ______________ 을/를 자주 만나요.

3)

나츠미는 ______________ 을/를 더 잘 타요.

4)

타냐는 ______________ 을/를 더 좋아해요.

연습 3 대화를 완성하십시오.

Complete the dialogues.

1) 가: 사과를 좋아해요? 딸기를 좋아해요?

나: 딸기요. 사과보다 딸기를 좋아해요.

2) 가: 한국 음식을 자주 먹어요? 고향 음식을 자주 먹어요?

나: 고향 음식요. ______________________.

3) 가: 명동에 자주 가요? 동대문에 자주 가요?

나: 명동요. ______________________.

4) 가: 축구를 잘해요? 야구를 잘해요?

나: 야구요. ______________________.

5) 가: 영화를 자주 봐요? 드라마를 자주 봐요?

나: 드라마요. ______________________.

연습 4 〈보기〉와 같이 문장을 완성하십시오.

Complete the sentences as shown in the example.

보기	저, 친구	➔ 저는 친구보다 키가 큽니다.

1) 주말, 평일 ➔ ______________________.

2) 도시, 시골 ➔ ______________________.

3) 시장, 백화점 ➔ ______________________.

다음 그림을 보고 이야기하십시오.

Look at the following picture and practice speaking.

33 명사 만

가: 여동생이 있어요?
나: 아니요, 저는 **남동생만** 있어요.

가: 장민 씨는 커피를 마셔요?
나: 아니요, 저는 커피를 안 마셔요. **차만** 마셔요.

저는 태권도장에는 다니지 않습니다. **수영장에만** 다닙니다.

나츠미는 집에서는 공부를 하지 않습니다. **학교에서만** 공부를 합니다.

주말에만 운동을 합니다. 평일에는 운동을 하지 않습니다.

연습 1 〈보기〉와 같이 문장을 완성하십시오.

Complete the sentences as shown in the example.

> 보기 책상 위에 책은 없어요. 공책만 있어요. (공책)

1) 교실에 남학생은 없어요. ______________________. (여학생)

2) 지갑에 돈은 없어요. ______________________. (카드)

3) 가족들은 한국에 안 살아요. ______________________. (저)

4) 준서는 밥을 먹지 않았어요. ______________________. (나츠미)

연습 2 〈보기〉와 같이 문장을 완성하십시오.

Complete the sentences as shown in the example.

> 보기 장민은 뉴스를 보지 않아요. 드라마만 봐요. (드라마)

1) 한나는 고기를 안 먹어요. ______________________. (채소)

2) 저는 베트남어를 배우지 않아요. ______________________. (일본어)

3) 마트에서 과자를 안 샀어요. ______________________. (아이스크림)

4) 도서관에서 책을 읽지 않았어요. ______________________. (신문)

연습 3 〈보기〉와 같이 대화를 완성하십시오.

Complete the dialogues as shown in the example.

> 보기 가: 냉장고에 주스가 있어요?
> 나: 아니요, 냉장고에는 주스가 없어요. 식탁 위에만 있어요. (냉장고, 식탁 위)

1) 가: 주말에도 한국어를 공부해요?
   나: 아니요, ______________________ (주말, 평일)

2) 가: 경희 가게에서 이 화장품을 팔아요?
   나: 아니요, ______________________ (경희 가게, 행복 마트)

3) 가: 어제 친구 집에 갔어요?
   나: 아니요, ______________________ (친구 집, 도서관)

연습 4 그림을 보고 대화를 완성하십시오.

Look at the pictures and complete the dialogues.

1) 거기 흐엉 씨 있어요?

아니요, 흐엉 씨는 없어요.
저만 있어요.

2) 구두 샀어요?

아니요, 구두는 안 샀어요.
_______________.

3) 흐엉 씨, 이 노란색 원피스 어때요?

나츠미 씨는 노란색보다 까만색이 잘 어울려요. 까만색은 없어요?

네. _______________.

4) 장민 씨, 오이하고 당근 샀어요?

당근은 집에 있어요.
그래서 _______________.

5) 이 운동화 240사이즈 있어요?

죄송합니다, 손님.
그 사이즈는 없습니다.
_______________.

230사이즈요? 그건 너무 작아요.

연습 5 '한국백화점'과 '경희백화점'이 있습니다. 그림을 보고 〈보기〉와 같이 친구와 이야기해 보십시오.

The following shows the Korean Department Store and Kyung Hee Department Store. Look at the picture and practice speaking with a friend as shown in the example.

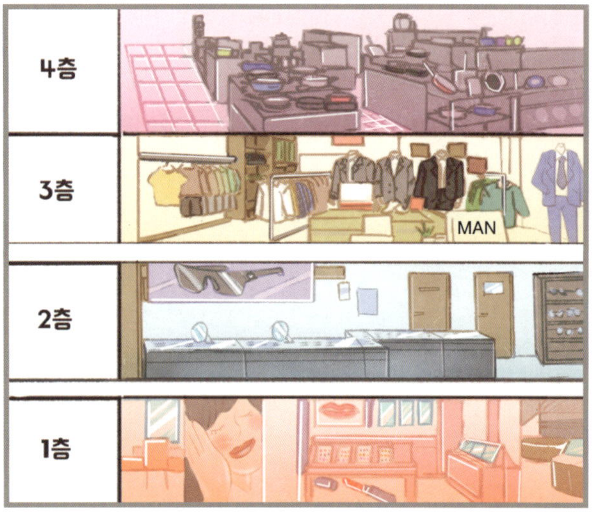

한국백화점

경희백화점

보기 가: 액세서리는 어디에서 팔아요?
나: 경희백화점 **1층에서만** 팔아요.

다음 그림을 보고 이야기하십시오.

Look at the following picture and practice speaking.

읽고 쓰기 6과에서 더 배워 보세요.
Learn more in Reading & Writing Chapter 6.

34 명사 (으)로 2

가: 엘리베이터가 고장 났어요.
나: 그래요? 그럼 **계단으로** 올라가요.

가: 집이 멀어요?
나: 네, **지하철로** 1시간쯤 걸려요.

지난주에 **자전거로** 춘천에 다녀왔습니다. 조금 힘들었습니다.

주말에 집에서 **노트북으로** 영화를 봤습니다. 영화가 재미있었습니다.

연습 1 빈칸을 채우십시오.

Fill in the blanks.

	명사 으로		명사 로
계단	계단으로	비누	
볼펜		택시	
사전		비행기	
숟가락		★ 이메일	이메일로
인터넷		★ 지하철	

연습 2 〈보기〉와 같이 문장을 완성하십시오.

Complete the sentences as shown in the example.

보기 부산에 버스로 가요. (버스)

1) 책 앞에 ________________ 이름을 써요. (볼펜)

2) ________________ 라면을 먹어요. (젓가락)

3) 교실에서 ________________ 이야기해요. (한국어)

4) 고향 친구하고 ________________ 연락해요. (SNS)

SNS Social network service

연습 3 그림을 보고 〈보기〉와 같이 대화를 완성하십시오.

Look at the pictures and complete the dialogues as shown in the example.

보기

가: 이 식당을 어떻게 찾았어요?

나: 인터넷으로 찾았어요.

1)

가: 제주도에 어떻게 갔어요?

나: 저는 ____________________ 갔어요.

2)

가: 장민 씨, 어떻게 이렇게 빨리 왔어요?

나: 아, ____________________ 왔어요.

3)

가: 내일 수업이 없어요?

나: 네, 제가 사무실에 ____________________ 물어봤어요.

4)

가: 이 건물에는 엘리베이터가 없어요?

나: 네, 그래서 ____________________ 다녀요.

이렇게 like this

연습 4 여러분은 다음 물건으로 무엇을 합니까? 〈보기〉와 같이 이야기해 보십시오.
What do you do with the following things? Look at the pictures and practice speaking as shown in the example.

보기 가: **휴대 전화로** 무엇을 해요?
나: **휴대 전화로** 이메일을 보내요.
⋮

다음 그림을 보고 이야기하십시오.
Look at the following picture and practice speaking.

듣고 말하기 7과에서 더 배워 보세요.
Learn more in Listening & Speaking Chapter 7.

35 명사 에서 명사 까지, 명사 부터 명사 까지

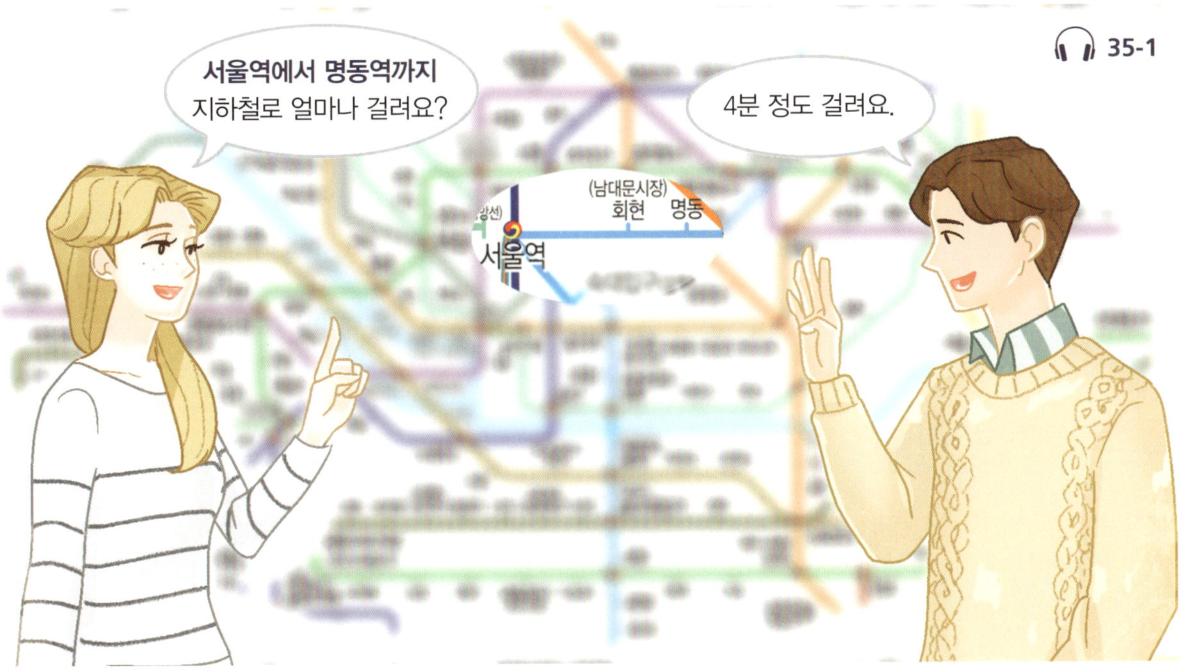

가: **인천에서 베이징까지** 비행기로 얼마나 걸려요?
나: 두 시간 정도 걸려요.

가: 나츠미 씨, 방학이 언제예요?
나: **12월부터 2월까지**예요.

동생은 **집에서 학교까지** 지하철로 다닙니다.

흐엉은 **수영장까지** 버스로 갔습니다.

루카스는 **오전 9시부터 11시까지** 태권도를 했습니다.

저는 **오늘부터** 요리를 배웁니다.

연습 1 〈보기〉와 같이 문장을 완성하십시오.
Complete the sentences as shown in the example.

보기	집, 학교	➜ 집에서 학교까지 10분 걸려요.

1) 서울, 경주 ➜ ____________________ 고속버스로 갔어요.

2) 서울역, 전주역 ➜ ____________________ 기차를 타고 갔어요.

3) 한국, 베트남 ➜ ____________________ 비행기로 4시간 50분 정도 걸려요.

4) 여기, 명동 ➜ ____________________ 어떻게 가요?

연습 2 〈보기〉와 같이 문장을 완성하십시오.
Complete the sentences as shown in the example.

보기	밤 10시, 밤 11시 10분	➜ 밤 10시부터 11시 10분까지 드라마를 봐요.

1) 8월 30일, 9월 26일 ➜ ____________________ 휴가였어요.

2) 월요일, 금요일 ➜ ____________________ 학교에 갔어요.

3) 오늘, 다음 주 일요일 ➜ ____________________ 공연이 있어요.

4) 작년 1월, 올해 1월 ➜ ____________________ 한국에 살았어요.

연습 3 〈보기〉와 같이 대화를 완성하십시오.
Complete the dialogues as shown in the example.

보기
가: 몇 시부터 몇 시까지 일해요?
나: 오전 9시부터 오후 6시까지 일해요. (오전 9시 ~ 오후 6시)

1) 가: 어제 몇 시부터 몇 시까지 한국어를 공부했어요?
나: ____________________. (오후 3시 ~ 오후 5시)

2) 가: 이 열차는 어디까지 가요?
나: ____________________. (~ 사당역)

3) 가: 언제부터 방학이에요?
나: ____________________. (다음 주 월요일 ~)

연습 4 **그림을 보고 대화를 완성하십시오.**

Look at the pictures and complete the dialogues.

1)

2)

3)

4)

연습 5 내일은 휴일입니다. 친구하고 데이트를 계획해 보세요.

Tomorrow is a holiday. Take the role of boyfriend/girlfriend and plan a date.

데이트 일정

시간	장소	하는 일
10시 ~ 12시	명동 영화관	영화를 보다
12시 10분 ~ 1시 20분	한식당	점심을 먹다
1시 30분 ~	청계천, 시청	산책을 하다

보기 **오전 10시부터 12시까지** 영화관에서 영화를 봅니다. … 그리고 **오후 1시 30분부터 청계천에서 시청까지** 산책을 합니다.

다음 그림을 보고 이야기하십시오.

Look at the following picture and practice speaking.

듣고 말하기 7과에서 더 배워 보세요.

Learn more in Listening & Speaking Chapter 7.

36 동작동사 아서/어서 1

가: 레아 씨, 다음 주 숙제가 뭐예요?
나: 글쎄요. 흐엉 씨에게 **전화해서** 물어보세요.

가: 어제 뭐 했어요?
나: 친구를 **만나서** 함께 점심을 먹었어요.

저는 고향에 **돌아가서** 취직하고 싶습니다.

편지를 **써서** 부모님께 보냈습니다.

연습 1 빈칸을 채우십시오.
Fill in the blanks.

	동작동사 아서		동작동사 어서		동작동사 해서
앉다	앉아서	씻다		공부하다	
찾다		찍다		요리하다	
가다		내리다		전화하다	
오다		배우다		주문하다	
만나다		★쓰다	써서	이야기하다	

연습 2 그림을 보고 〈보기〉와 같이 문장을 완성하십시오.
Look at the pictures and practice speaking as shown in the example.

보기

학교에 가서 친구를 만나요.

1)

______________________________.

2)

______________________________.

3)

______________________________.

연습 3 〈보기〉와 같이 문장을 연결하십시오.
Connect the sentences as shown in the example.

보기 흐엉은 마트에 가요. 그리고 마트에서 장을 봐요.
➔ 흐엉은 마트에 가서 장을 봐요.

1) 포도를 씻어요. 그 포도를 먹어요.
➔ ______________________________.

2) 어제 친구를 만났어요. 그 친구하고 같이 영화를 봤어요.
➔ ______________________________.

3) 지난 주말에 스키장에 갔어요. 그리고 스키를 탔어요.
➔ ______________________________.

4) 다음 역에 내리세요. 그리고 2호선으로 갈아타세요.
➔ ______________________________.

연습 4 〈보기〉와 같이 대화를 완성하십시오.
Complete the dialogues as shown in the example.

보기 가: 어제 백화점에 가서 뭐 샀어요?
나: 어제 백화점에 가서 신발을 샀어요.

1) 가: 꽃을 사서 누구에게 줬어요?
나: ______________________________.

2) 가: 친구를 만나서 보통 뭐 해요?
나: ______________________________.

3) 가: 아침에 일어나서 가장 먼저 뭐 해요?
나: ______________________________.

4) 가: 한국어를 배워서 뭐 하고 싶어요?
나: ______________________________.

5) 가: 제주도에 가서 뭐 하고 싶어요?
나: ______________________________.

연습 5 루카스는 오늘 어디에 가서 무엇을 했습니까? 그림을 보고 이야기해 보십시오.

What did Lucas do today? Look at the pictures and talk about his day.

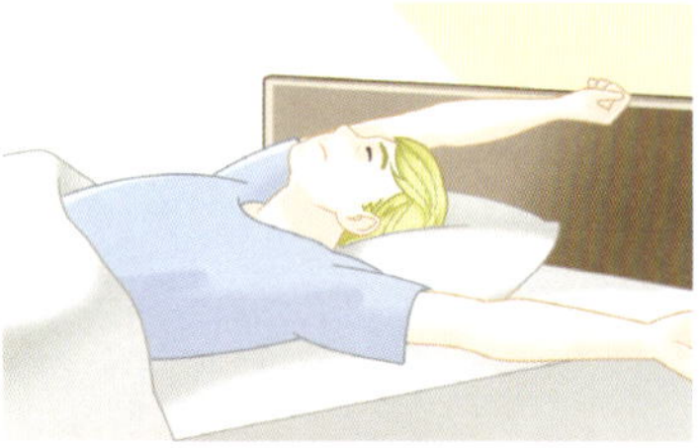

1 루카스는 아침에 **일어나서** 서울역에 갔어요.

2

3

4 기차를 타고 강릉에 갔어요.

5

6 바다에 가서 사진을 찍었어요.

7

8 그리고 서울에 왔어요.

다음 그림을 보고 이야기하십시오.

Look at the following picture and practice speaking.

읽고 쓰기 7과에서 더 배워 보세요.

Learn more in Reading & Writing Chapter 7.

37 동사 (으)시-

가: 어머니께서 지금 뭐 하세요?
나: **책을 읽으세요.**

가: 아버지께서 지금 어디에 가세요?
나: 회사에 **가세요.**

가: 할머니께서 **주무세요**?
나: 네, **주무세요.**

선생님께서 한국어를 **가르치십니다.**

할아버지께서 베트남에 **계십니다.**

연습 1 **빈칸을 채우십시오.**

Fill in the blanks.

	동사 으십니다	동사 으세요
많다		
좋다		
받다	받으십니다	
읽다		
★먹다		
★있다		

	동사 십니다	동사 세요
바쁘다		
친절하다		
가다		
오다		
★자다		주무세요
★마시다		

연습 2 **그림을 보고 〈보기〉와 같이 문장을 완성하십시오.**

Look at the pictures and complete the sentences as shown in the example.

보기

선생님께서 책을 읽으십니다.

1) 

할머니께서 마트에 ____________________.

2) 

사장님께서 전화를 ____________________.

3) 

아버지께서 텔레비전을 ____________________.

4) 

어머니께서 돈을 ____________________.

돈을 찾다 to withdraw money

연습 3 그림을 보고 〈보기〉와 같이 대화를 완성하십시오.

Look at the pictures and complete the dialogues as shown in the example.

보기

부모님께서 주말에 뭐 하세요?

운동을 하세요.

1) 선생님께서 지금 무엇을 하세요?

________________.

2) 아버지께서 지금 뭐 하세요?

________________.

3) 할머니께서 어디에 계세요?

________________.

4) 어머니께서 뭐 하세요?

________________.

연습 4 그림을 보고 〈보기〉와 같이 이야기해 보십시오.

Look at the pictures and practice speaking like the example.

보기 가: 어머니께서 지금 뭐 하세요?
나: 아침을 드세요.

보기 

1) 

2) 

3) 

4) 

5) 

연습 5 알맞은 것을 골라 글을 완성하십시오.

Choose the correct answer and complete the following text.

저희 아버지(는/께서는) 선생님이십니다. 학교에서 영어를 (가르칩니다/가르치십니다). 항상 (바쁩니다/바쁘십니다).

지난주에 아버지(가/께서) 한국에 (왔습니다/오셨습니다). 저는 공항에 가서 아버지를 만났습니다. 저하고 아버지는 공항 근처 식당에서 저녁을 (먹었습니다/드셨습니다). 아버지께서는 불고기를 (먹고/드시고) 저는 비빔밥을 먹었습니다. 아버지께서는 한국 음식을 아주 (좋아했습니다/좋아하셨습니다).

다음 그림을 보고 이야기하십시오.

Look at the following picture and practice speaking.

38 명사 에게(서)/한테(서)/께

가: **누구한테서** 그 이야기를 들었어요?
나: 고향 **친구한테** 들었어요.

가: **누구한테** 전화가 왔어요?
나: **루카스한테** 왔어요.

첸은 **사장님께** 메시지를 받았습니다.

장민은 **형에게서** 선물로 가방을 받았습니다.

연습 1 문장을 완성하십시오.
Complete the sentences.

1) 루카스, 아내, 선물, 받다 → 루카스가 아내에게서 선물을 받았습니다.

2) 장민, 여자 친구, 전화, 받다 → 장민이 ______________________.

3) 레아, 동생, 고향 소식, 듣다 → 레아가 ______________________.

4) 한나, 나츠미, 책, 빌리다 → 한나가 ______________________.

5) 자이튼, 김 선생님, 한국어, 배우다 → 자이튼이 ______________________.

소식 news

연습 2 빈칸에 알맞은 것을 쓰십시오.
Write the answer in the blank.

지난주 토요일은 제 생일이었습니다.

가족들이 저에게 선물을 많이 줬습니다.

부모님께서 카메라를 주셨습니다.

언니가 모자를 줬습니다.

오빠가 시계를 줬습니다.

남동생이 장갑을 줬습니다.

선물을 많이 받아서 정말 행복했습니다.

→

지난주 토요일은 제 생일이었습니다.

1) 저는 가족들에게서 선물을 많이 받았습니다.

2) 부모님__________ 카메라를 받았습니다.

3) 언니__________ 모자를 받았습니다.

4) 오빠__________ 시계를 받았습니다.

5) 남동생__________ 장갑을 받았습니다.

선물을 많이 받아서 정말 행복했습니다.

연습 3 알맞은 표현을 골라 문장을 완성하십시오.

Complete the sentences by selecting the correct expression.

용돈을 받다	축하를 받다	메시지를 받다
피아노를 배우다	휴대 전화를 빌리다	

1) 

루카스 ← 이반

루카스가 이반에게서 메시지를 받았습니다.

2) 

나츠미 ← 지아

______________________________.

3) 

준서 ← 할머니

______________________________.

4) 

수빈 ← 언니

______________________________.

5) 

김은영 선생님 ← 학생들

______________________________.

연습 4 **그림을 보고 대화를 완성하십시오.**
Look at the pictures and complete the dialogues.

1) 

가: 루카스 씨, 생일에 무슨 선물을 받고 싶어요?

나: 친구한테서 시계를 받고 싶어요.

2) 

가: 나츠미 씨, 그 이야기를 어떻게 알았어요?

나: 어제 ______________________.

3) 

가: 장민 씨, 그 책 도서관에서 빌렸어요?

나: 아니요, ______________________.

4) 

가: 흐엉 씨, 요즘도 학원에서 프랑스어를 배워요?

나: 아니요, ______________________.

5) 

가: 레아 씨, 가방 샀어요? 정말 예뻐요.

나: 아, 이거요? ______________________.

연습 5 여러분은 다른 사람에게서 선물을 자주 받습니까? 소식도 자주 듣습니까? 〈보기〉와 같이 친구와 이야기해 보십시오.

Talk about things you have received or heard from other people as shown in the example below.

보기

가: 꽃이 예뻐요. **누구한테서** 받았어요?
나: 남자 **친구한테** 받았어요.
가: 다른 선물도 받았어요?
나: 네. 귀걸이도 받았어요.

가: 다음 주에 한국 가수가 콘서트를 해요.
나: 정말요? **누구한테** 그 소식을 들었어요?
가: **지아한테서** 들었어요.
나: 다른 소식도 들었어요?
가: 네. 사인회 소식도 들었어요.

누구한테서	무엇을 받다 / 무엇을 듣다
남자 친구	무엇을 받았어요? 꽃 / 귀걸이
지아	무엇을 들었어요? 한국 가수 콘서트 / 사인회

다른 other
사인회 signing event

다음 그림을 보고 이야기하십시오.

Look at the following picture and practice speaking.

39 동사 (으)ㄹ 겁니다, 동사 (으)ㄹ 거예요

가: 방학에 **뭐 할 거예요**?
나: 친구하고 같이 **여행을 갈 거예요**.

가: 한국어 공부가 끝나고 **뭐 할 겁니까**?
나: 저는 고향에서 **일을 할 겁니다**.

오후에 친구하고 이태원에서 터키 음식을 **먹을 겁니다**.

저는 주말에 놀이공원에 **갈 겁니다**. 이번 주말은 아주 **재미있을 겁니다**.

백화점에서 세일을 합니다. 사람이 **많을 겁니다**.

연습 1 빈칸을 채우십시오.

Fill in the blanks.

	동사 을 겁니다	동사 을 거예요		동사 ㄹ 겁니다	동사 ㄹ 거예요
먹다	먹을 겁니다	먹을 거예요	가다		
읽다			보다		
찾다			쓰다		
많다			크다		
맛있다			예쁘다		
★맵다			깨끗하다		

연습 2 〈보기〉와 같이 문장을 완성하십시오.

Complete the sentences as shown in the example.

보기 점심, 한국 친구, 만나다 ➜ 점심에 한국 친구를 만날 겁니다.

1) 오후, 책, 읽다 ➜ ________________.

2) 저녁, 김치찌개, 먹다 ➜ ________________.

3) 이번 주말, 여행, 가다 ➜ ________________.

4) 다음 주, 말하기 시험, 보다 ➜ ________________.

5) 내년, 가족들, 한국에 오다 ➜ ________________.

연습 3 **그림을 보고 대화를 완성하십시오.**

Look at the pictures and complete the dialogues.

1) 

가: 나츠미 씨, 오늘 저녁에 뭐 할 거예요?

나: 친구하고 마트에 갈 거예요.

2) 

가: 한나 씨, 생일에 뭐 할 거예요?

나: 집에서 ______________________.

3) 

가: 이반 씨, 휴일에 계획 있어요?

나: 네. 부모님하고 ______________________.

4) 

가: 장민 씨, 주말에 계획 있어요?

나: 네. 주말에 한강공원에서 ______________________.

연습 4 **〈보기〉와 같이 문장을 완성하십시오.**

Complete the sentences as shown in the example.

> 보기 지아는 똑똑하고 성격이 좋습니다. 그래서 인기가 많을 겁니다. (인기가 많다)

1) 출퇴근 시간에는 ______________________. (길이 막히다)

2) 오늘은 날씨가 시원하고 맑습니다. 내일도 ______________________. (날씨가 좋다)

3) 장민은 매일 운동장에서 농구를 합니다. 아마 ______________________. (농구를 잘하다)

4) 루카스는 감기가 심합니다. 그래서 오늘 학교에 ______________________. (가지 않다)

5) 나츠미는 시험공부를 열심히 했습니다. 아마 ______________________. (시험을 잘 보다)

연습 5 <보기>와 같이 친구와 이야기해 보십시오.

Practice speaking with your friends as shown in the example.

보기

가: 장민 씨, 방학에 **뭐 할 거예요**?
나: 저는 이번 방학에 **여행을 갈 거예요**.
가: 그래요? **어디에 갈 거예요**?
나: **남이섬에 갈 거예요**.
가: **누구하고 갈 거예요**?
나: **반 친구들하고 갈 거예요**. 나츠미 씨는 방학에 **뭐 할 거예요**?
⋮

이름	무엇을?	어디에/어디에서?	누구하고?
장민	여행	남이섬	반 친구들
나츠미	쇼핑	남대문 시장	혼자

다음 그림을 보고 이야기하십시오.

Look at the following picture and practice speaking.

읽고 쓰기 9과에서 더 배워 보세요.
Learn more in Reading & Writing Chapter 9.

40 동작동사 (으)ㄹ까요?, 동작동사 (으)ㅂ시다

가: 우리 내일 몇 시에 **만날까요**?
나: 1시에 **만납시다**.

가: 주말에 같이 콘서트에 **갈까요**?
나: 미안해요. 주말에 다른 약속이 있어요.

가: 우리 제주도에 **갈까요**? 부산에 **갈까요**?
나: 부산에 **갑시다**.

연습 1 빈칸을 채우십시오.

Fill in the blanks.

	동작동사 을까요?
먹다	먹을까요?
앉다	
읽다	
찍다	

	동작동사 ㄹ까요?
가다	
보다	볼까요?
치다	
만나다	

	동작동사 읍시다
먹다	
앉다	
읽다	읽읍시다
찍다	

	동작동사 ㅂ시다
가다	갑시다
보다	
치다	
만나다	

연습 2 그림을 보고 대화를 완성하십시오.

Look at the pictures and complete the dialogues.

1) 

가: 오후에 같이 운동할까요?

나: 네, 좋아요.

2) 

가: 여기에 ____________________?

나: 네, 그래요.

3) 

가: 이반 씨, 수업 끝나고 같이 ____________________?

나: 미안해요. 다른 약속이 있어요.

4) 

가: 주말에 같이 ____________________?

나: 좋아요. 같이 봐요.

연습 3 그림을 보고 대화를 완성하십시오.

Look at the pictures and complete the dialogues.

1) 뭘 먹을까요?

김치찌개를 먹읍시다.

2) 한나 씨, 우리 같이 홍대에 ________________?

좋아요. 같이 갑시다.

3) 루카스 씨, 이따가 같이 ________________?

좋아요. 같이 공부합시다.

4) 이반 씨, 어디에서 사진을 찍을까요?

저기에서 ________________.

5) 오늘 몇 시에 만날까요?

5시에 ________________.

연습 4 그림을 보고 〈보기〉와 같이 친구와 이야기해 보십시오.

Look at the pictures and practice speaking with your friends as shown in the example.

보기
가: 밥을 먹고 같이 영화를 볼까요?
나: 좋아요. 같이 봅시다.

1)

2)

3)

4)

5)

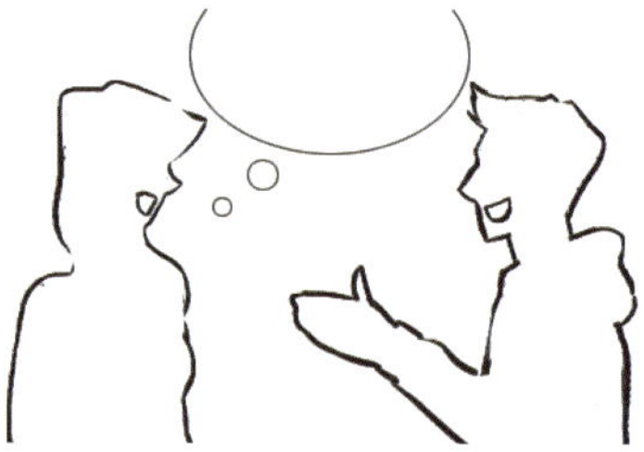

연습 5 여러분은 누구와 무엇을 하고 싶습니까? 그 사람과 언제 어디에서 만나면 좋겠습니까? 〈보기〉와 같이 친구와 함께 이야기해 보십시오.

What do you want to do? And with whom? When and where would you like to meet him/her? Practice speaking with your friends as in the example.

누구하고?	무엇을 하고 싶어요?	몇 시에 만나요?	어디에서 만나요?
지아	저녁을 먹다	5시, 6시	학교 앞

보기
가: 지아 씨, 오늘 같이 저녁을 **먹을까요**?
나: 네, 좋아요. 몇 시에 **만날까요**?
가: 5시에 **만납시다**.
나: 미안해요. 5시에는 다른 일이 있어요. 6시는 어때요?
가: 좋아요. 그럼 6시에 학교 앞에서 **만납시다**.

다음 그림을 보고 이야기하십시오.

Look at the following picture and practice speaking.

듣고 말하기 **8과에서 더 배워 보세요.**

Learn more in Listening & Speaking Chapter 8.

41 못 동작동사, 동작동사 지 못하다

[문법] 18과에서 배운 내용을 복습해 보세요. [Grammar] Please review what you learned in Chapter 18.

가: 이번 방학에 고향에 가요?
나: 아니요. 방학이 짧아요. 그래서 **못 가요.**

가: 한나 씨는 수영을 잘해요?
나: 아니요, 저는 수영을 **못 해요.**

가: 주말에 영화 봤어요?
나: 아니요, 표가 없었어요. 그래서 **못 봤어요.**

공연장 안에서는 음식을 **먹지 못합니다.**

시험 시간에 휴대 전화를 **보지 못합니다.**

연습 1 빈칸을 채우십시오.
Fill in the blanks.

	못 동작동사	동작동사 지 못합니다
가다		
먹다		먹지 못합니다
마시다		
올라가다		
운동하다	운동(을) 못 해요	
전화하다		

연습 2 〈보기〉와 같이 문장을 완성하십시오.
Complete the sentences as shown in the example.

보기　비가 많이 와요. 그래서 여행을 못 가요.

1) 돈이 없어요. 그래서 가방을 ______________________.

2) 표가 없어요. 그래서 영화를 ______________________.

3) 요즘 아주 바빠요. 그래서 친구를 ______________________.

4) 휴대 전화가 고장 났어요. 그래서 전화를 ______________________.

5) 한국어를 배우지 않았습니다. 그래서 한국어를 ______________________.

연습 3 **그림을 보고 대화를 완성하십시오.**

Look at the pictures and complete the dialogues.

1)

가: 장민 씨, 아침 먹었어요?

나: 아침에 늦게 일어났어요. 그래서 못 먹었어요.

2)

가: 이반 씨, 어제 바빴어요? 왜 전화를 안 받았어요?

나: 미안해요. 어제는 일찍 잤어요.

그래서 ______________________________.

3)

가: 무슨 일 있어요?

나: 네. 어젯밤에 컴퓨터 게임을 했어요. 그래서 숙제를 다

______________________________.

4)

가: 준서 씨, 보고서 다 썼어요?

나: 아니요, 아직 다 ______________________________.

보고서 report

연습 4 그림을 보고 〈보기〉와 같이 문장을 완성하십시오.

Look at the pictures and complete the sentences as shown in the example.

보기

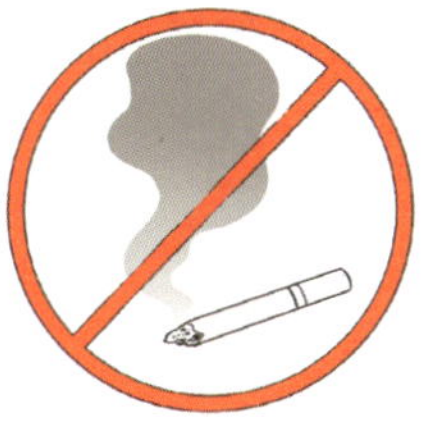

교실에서 담배를 피우지 못합니다.

1) 

영화관에서 ______________________________.

2) 

도서관에서 ______________________________.

3) 

고속도로에서 ______________________________.

4) 

여기에 ______________________________.

5) 

수업 시간에 ______________________________.

고속도로 highway

연습 5 **문장을 완성하십시오.**

Complete the sentences.

1) 학생증이 없습니다. 그래서 책을 빌리지 못합니다.

2) 교통 카드가 없습니다. 그래서

3) 일이 많습니다. 그래서

4) 다리를 다쳤습니다. 그래서

5) 컴퓨터가 고장 났습니다. 그래서

다음 그림을 보고 이야기하십시오.

Look at the following picture and practice speaking.

42 동작동사 겠-①

가: 자이튼 씨, 매일 일기를 쓰세요.
나: 네, 선생님. 오늘부터 매일 일기를 **쓰겠습니다**.

가: 카드로 **계산하시겠어요**?
나: 아니요, 현금으로 **계산하겠습니다**.

이번 학기에 저는 한국어를 열심히 **공부하겠습니다**.

저는 다음 주부터 일주일에 세 번 **운동하겠습니다**.

현금 cash

연습 1 빈칸을 채우십시오.

Fill in the blanks.

	동작동사 겠습니다		동작동사 겠어요
먹다	먹겠습니다	찾다	찾겠어요
앉다		만들다	
오다		배우다	
일하다		기다리다	
시작하다		숙제하다	
일어나다		질문하다	

연습 2 준서의 새해 결심입니다. 그림을 보고 문장을 완성하십시오.

The next example is Junseo's New Year's Resolution. Write down Junseo's New Year's Resolution.

1) 새해에는 운동을 열심히 하겠습니다!

2) 새해에는 ______________________________!

3) 새해에는 ______________________________!

4) 새해에는 ______________________________!

5) 새해에는 ______________________________!

연습 3 수업 시간에 선생님이 무슨 말씀을 하십니까? 〈보기〉와 같이 대화를 완성하십시오.

What does your teacher talk about in class? Complete the dialogues as shown in the example.

보기 선생님: 장민 씨, 숙제를 꼭 하세요.
장 민: 네, 숙제를 꼭 하겠습니다.

1) 선생님: 한나 씨, 내일부터 학교에 9시까지 오세요.
한 나: 네, ________________.

2) 선생님: 자이튼 씨, 김밥은 쉬는 시간에 드세요.
자이튼: 죄송합니다. ________________.

3) 선생님: 나츠미 씨, 한국어 CD를 듣고 따라 하세요.
나츠미: 네, ________________.

4) 선생님: 루카스 씨, 수업 끝나고 다시 한번 연습하세요.
루카스: 네, ________________.

연습 4 알맞은 단어를 골라 대화를 완성하십시오.

Complete the dialogue by selecting correct word.

보다	기다리다	신청하다	예약하다	주문하다

1)

가: 손님, 주문하시겠습니까?

나: 네, 딸기 주스 두 잔 주세요.

2)

가: 오전 수업을 ______________________________?

나: 아니요, 오후 수업을 신청하고 싶습니다.

3)

가: 고객님, 몇 시로 ______________________________?

나: 저녁 7시로 예약하겠습니다.

4)

가: 손님, 여기에서 조금 ______________________________?

나: 아니요, 이따가 다시 오겠습니다.

5)

가: 이것도 요즘 인기가 많습니다. 한번 ________________?

나: 네, 좋아요.

연습 5 여러분의 새해 결심은 어떤 것들이 있습니까? 여러분의 새해 결심을 발표해 보십시오.

What are your New Year's resolutions? Let's announce your New Year's resolutions.

새해에는 운동을 열심히 하겠습니다! 그리고 …

다음 그림을 보고 이야기하십시오.

Look at the following picture and practice speaking according to the situation.

듣고 말하기 8과에서 더 배워 보세요.

Learn more in Listening & Speaking Chapter 8.

43 ㄹ 탈락

가: 나츠미 씨는 어디에 **사세요**?
나: 저는 회기역 근처에 살아요.

가: 오늘 제주도 날씨가 어떻습니까?
나: 오늘 제주도는 아침부터 비가 내리고 지금 바람이 많이 **붑니다**.

나츠미는 머리가 **깁니다**.

저는 고향 음식을 자주 **만듭니다**.

연습 1 빈칸을 채우십시오.

Fill in the blanks.

	동사 습/ㅂ니다	동사 (으)ㄹ 거예요	동사 아/어요	동사 고
길다	깁니다	길 거예요	길어요	길고
멀다				
힘들다				
살다				
알다				
만들다				

연습 2 그림을 보고 알맞은 단어를 골라 문장을 완성하십시오.

Look at the pictures and complete the sentences by selecting the correct words.

길다	달다	불다	열다	울다	졸다

1) 

제 동생은 머리가 깁니다.

2) 

케이크가 ________________.

3) 

아이가 ________________.

4) 

루카스가

________________.

5) 

비가 오고 바람이

________________.

6) 

그 식당은 아침 일찍 문을

________________.

연습 3 **알맞은 단어를 골라 대화를 완성하십시오.**
Complete the dialogues by selecting the correct word.

놀다	살다	알다	팔다	만들다

1) 가: 누구하고 같이 살아요?
   나: 저는 부모님하고 같이 삽니다. (-습/ㅂ니다)

2) 가: 주말에 한강공원에서 같이 ______________________? (-(으)ㄹ까요?)
   나: 네, 좋아요.

3) 가: 약국이 문을 닫았어요. 어떡하죠?
   나: 편의점에서도 약을 ______________________. (-아/어요)

4) 가: 고향 음식이 너무 먹고 싶어요.
   나: 그럼 주말에 우리 집에서 같이 고향 음식을 ______________________. (-(으)ㅂ시다)

5) 가: 선생님 전화번호를 ______________________? (-습/ㅂ니까?)
   나: 아니요. 모릅니다.

연습 4 알맞은 단어를 골라 쓰십시오.

Choose the correct words and write them.

길다 (-고)	달다 (-고)	멀다 (-습/ㅂ니까?)	살다 (-아/어요)
알다 (-(으)세요?)	떠들다 (-습/ㅂ니다)	만들다 (-습/ㅂ니다)	힘들다 (-습/ㅂ니다)

1)
- Across: 조 금 □ 힘 듭 니 다 .
- Down: 집 이 □ 멉 니(crossing) 까 ?

2)
- Across: 기 숙 사 에 □ □ □(crossing) □ .
- Down: 한 국 어 를 □ □(crossing) □ □ ?

3)
- Across: 빵 을 □ □ □(crossing) □ □ .
- Down: 쉬 는 □ 시 간 에 □ □ □(crossing) □ □ .

4)
- Across: 케 이 크 가 □ □ □(crossing) □ 맛 있 습 니 다 .
- Down: 레 아 는 □ 머 리 가 □ □ □(crossing) □ 예 쁩 니 다 .

쉬는 시간 break time

연습 5 여러분은 한국어로 발표해 봤습니까? 〈보기〉와 같이 메모를 하고 한국어로 발표해 보십시오.

Have you ever made a presentation in Korean? Take notes and present your ideas in Korean as shown in the example.

자주 가는 장소	학교 앞 식당, 11시에 문을 열다, 한국 음식을 팔다
좋아하는 음식	
우리 반 친구	

보기 저는 학교 앞 경희 식당에 자주 갑니다. 경희 식당은 매일 11시에 문을 **엽니다**. 거기에서는 한국 음식을 **팝니다**.

경희 식당은 음식이 맛있습니다. 그래서 아주 유명합니다.

다음 그림을 보고 이야기하십시오.

Look at the following picture and practice speaking.

44 동작동사 (으)ㄹ 수 있다/없다

가: 나츠미 씨, 한국 노래를 **부를 수 있어요**?
나: 그럼요.

가: 이반 씨, 방학에 같이 **여행 갈 수 있어요**?
나: 미안해요. 저도 같이 가고 싶지만 이번 방학에 저는 고향에 돌아가요.

흐엉은 한국 음식을 **만들 수 있습니다.**

여기에 **주차할 수 없습니다.**

연습 1 빈칸을 채우십시오.

Fill in the blanks.

	동작동사 을 수 있어요/없어요		동작동사 ㄹ 수 있어요/없어요
먹다	먹을 수 있어요/없어요	사다	
읽다		타다	
잡다		말하다	
찾다		★만들다	만들 수 있어요/없어요

연습 2 알맞은 단어를 골라 〈보기〉와 같이 대화를 완성하십시오.

Complete the dialogues by selecting the correct word as shown in the example.

가다	보다	만나다	도착하다	출발하다

1) 가: 루카스 씨 생일 파티에 갈 수 있어요?

   나: 네, 태권도 수업이 끝나고 갈 수 있어요.

2) 가: 언제 출발할 수 있어요?

   나: 10분 후에 ________________.

3) 가: 7시까지 도착할 수 있어요?

   나: 네, ________________.

4) 가: 오늘 같이 영화 볼까요?

   나: 미안해요. 오늘은 조금 바빠요. 하지만 내일은 ________________.

5) 가: 한국 친구를 만나고 싶어요.

   나: 동아리에 가입해 보세요. 한국 친구를 ________________.

연습 3 〈보기〉와 같이 문장을 완성하십시오.
Complete the sentences as shown in the example.

> 보기 상품권으로 책을 살 수 있습니다.

1) 컴퓨터로 ______________________________.

2) 휴대폰으로 ______________________________.

3) 100만 원으로 ______________________________.

> 보기 비가 옵니다. 그래서 등산을 갈 수 없습니다.

4) 돈이 부족합니다. 그래서 ______________________________.

5) 시간이 없었습니다. 그래서 ______________________________.

6) 오늘 아침에 늦게 일어났습니다. 그래서 ______________________________.

상품권 voucher
부족하다 to lack

연습 4 여러분은 한강공원에 가 봤습니까? 그림을 보고 〈보기〉와 같이 이야기해 보십시오.
Have you ever been to Hangang Park? Look at the picture and practice speaking as shown in the example.

> 보기 여기에서 자전거를 탈 수 있어요.
> ⋮
>
> 여기에 쓰레기를 버릴 수 없어요.
> ⋮

연습 5 아래의 게임 방법을 읽고 친구들과 함께 '접어 게임'을 해 보십시오.

Read how to play the game below and play 'Close Game' with your friends.

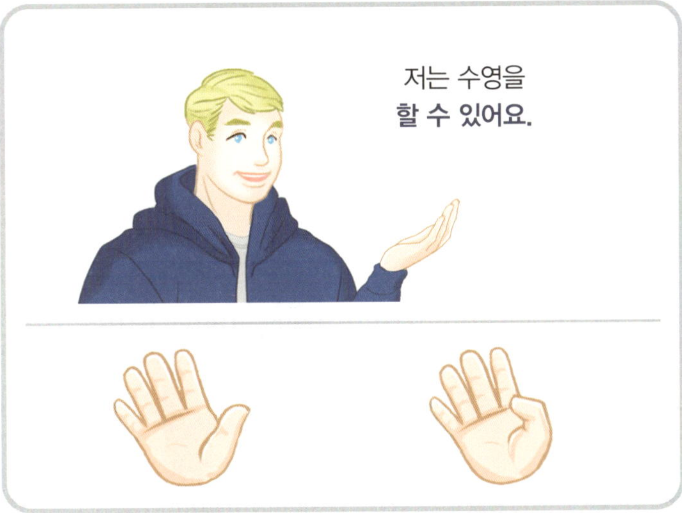

게임 방법

1. 게임 전에 다 같이 재미있는 벌칙을 정해요. Before playing the game, decide on the penalty together.
2. 가위바위보를 해서 진 사람이 먼저 시작해요. Play the rock-scissors-paper game, and the losing person begins.
3. "저는 수영을 **할 수 있어요.**"와 같이 '**(동작동사)(으)ㄹ수 있다/없다**'만 사용해서 말해요.
   Take turns using the form '(action verb)(으)ㄹ수 있다/없다'. For example, "I can swim.".
4. 자신에게 해당되는 사람은 자신의 손가락을 하나 접어요. If the sentence applies to you, fold one finger.
5. 다섯 손가락을 모두 접은 사람이 게임에서 진 것으로 벌칙을 수행해요.
   The person who folded all five fingers will do the punishment for losing the game.

다음 그림을 보고 상황에 맞게 이야기하십시오.

Look at the following picture and practice speaking according to the situation.

읽고 쓰기 8과에서 더 배워 보세요.
Learn more in Reading & Writing Chapter 8.

45 동사 아서/어서 2

가: 준서 씨, 어디에 가요?
나: 머리가 **아파서** 병원에 가요.

가: 아침을 왜 안 먹었어요?
나: 늦게 **일어나서** 못 먹었어요.

친구는 등산을 **좋아해서** 산에 자주 갑니다.

저는 시험을 잘 **봐서** 장학금을 받았습니다.

오늘은 휴일**이어서** 학교에 가지 않았습니다.

장학금 scholarship

연습 1 〈보기〉와 같이 문장을 연결하십시오.
Connect the sentences as shown in the example.

보기 날씨가 좋습니다. 그래서 산책을 합니다.
➔ 날씨가 좋아서 산책을 합니다.

1) 영화가 슬픕니다. 그래서 웁니다.

➔ ____________________.

2) 구두가 작습니다. 그래서 발이 아픕니다.

➔ ____________________.

3) 제 친구는 친절합니다. 그래서 인기가 많습니다.

➔ ____________________.

4) 부모님이 보고 싶습니다. 그래서 매일 전화합니다.

➔ ____________________.

연습 2 〈보기〉와 같이 문장을 연결하십시오.
Connect the sentences as shown in the example.

보기 아침을 안 먹었어요. 그래서 배가 고파요.
➔ 아침을 안 먹어서 배가 고파요.

1) 어제 잠을 못 잤어요. 그래서 피곤해요.

➔ ____________________.

2) 시험을 잘 봤어요. 그래서 기분이 좋아요.

➔ ____________________.

3) 약속 시간에 늦었습니다. 그래서 택시를 탔습니다.

➔ ____________________.

4) 휴대 전화를 잃어버렸습니다. 그래서 전화를 못 했습니다.

➔ ____________________.

연습 3 **알맞은 단어를 골라 대화를 완성하십시오.**

Complete the dialogues by selecting the correct word.

없다	오다	좁다	바쁘다	따뜻하다	좋아하다

1) 가: 이반 씨는 왜 봄을 좋아해요?

나: 날씨가 따뜻해서 봄을 좋아해요.

2) 가: 흐엉 씨, 방학에 왜 고향에 안 갔어요?

나: 비행기 표가 ______________ 못 갔어요.

3) 가: 루카스 씨, 왜 이사를 해요?

나: 방이 좀 ______________ 투룸으로 이사를 해요.

4) 가: 한나 씨, 어제 왜 집에 일찍 갔어요?

나: 오빠가 한국에 ______________ 일찍 갔어요.

5) 가: 지아 씨는 왜 커피숍에 자주 가요?

나: 저는 커피를 ______________ 커피숍에 자주 가요.

6) 가: 장민의 생일 파티에 왜 안 왔어요?

나: 미안해요. 어제 너무 ______________ 갈 수 없었어요.

연습 4 **그림을 보고 대화를 완성하십시오.**
Look at the pictures and complete the dialogues.

1) 장민 씨, 어디에 가요?

몸이 안 좋아서 약국에 가요.

2) 레아 씨, 오늘 왜 지각했어요?

______________________________.

3) 흐엉 씨, 어제 학교에 왜 안 왔어요?

______________________________.

4) 이반 씨, 오늘 여행을 가요?

아니요, ______________________.

5) 나츠미 씨, 그 카메라를 살 거예요?

아니요, ______________________.

연습 5 여러분은 한국어로 이유를 말할 수 있습니까? 〈보기〉와 같이 친구와 이야기해 보십시오.

Can you explain reasons in Korean? Practice speaking with a friend as shown in the example.

질문	흐엉	한나	나	
왜 한국 드라마를 좋아해요?	재미있다	배우가 멋있다		
왜 한국어를 공부해요?	K-POP을 좋아하다	한국 친구를 사귀고 싶다		
(　　　　　　　　　　)				

보기

가: 흐엉 씨, 왜 한국 드라마를 좋아해요?
나: 드라마가 **재미있어서** 좋아해요. 한나 씨는요?
가: 저는 한국 배우가 **멋있어서** 좋아해요.

다음 그림을 보고 이야기하십시오.

Look at the following picture and practice speaking.

읽고 쓰기 8과에서 더 배워 보세요.

Learn more in Reading & Writing Chapter 8.

46 동작동사 지 말다

[문법] 27과, 40과에서 배운 내용을 복습해 보세요. [Grammar] Please review what you learned in Chapter 27 and 40.

가: 수업 시간에 **게임하지 마세요.**
나: 네, 알겠습니다. 죄송합니다.

가: 요즘 날씨가 너무 더워요. 그러니까 등산을 **가지 맙시다.**
나: 네, 그래요.

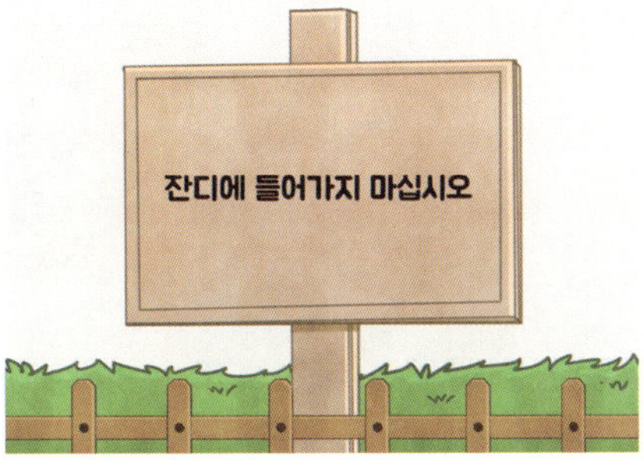

연습 1 빈칸을 채우십시오.
Fill in the blanks.

	동작동사 지 마세요	동작동사 지 마십시오	동작동사 지 맙시다
가다			
먹다			
떠들다			
노래하다			

연습 2 그림을 보고 알맞은 표현을 골라 문장을 완성하십시오.
Look at the pictures and complete the sentences by selecting the correct expressions.

사진을 찍다	수영을 하다	담배를 피우다	쓰레기를 버리다

1)

2)

3)

4)

연습 3 그림을 보고 대화를 완성하십시오.
Look at the pictures and complete the dialogues.

1) 

가: 거기 고장났어요. 들어가지 마세요.

나: 그래요? 알겠어요.

2) 

가: 시험을 시작합니다. 휴대 전화를 ____________________.

나: 네, 알겠습니다.

3) 

가: 거기에 ______________________________.

나: 네, 알겠습니다.

4) 

가: 내일 약속 시간은 1시예요. ______________________.

나: 그럼요. 알겠어요.

5) 

가: 감기약을 먹고 ______________________________.

나: 네, 알겠습니다.

연습 4 알맞은 단어를 골라 대화를 완성하십시오.

Complete the dialogues by selecting the correct word.

먹다	가다	타다	전화하다	청소하다

1) 가: 오늘 한강공원에 갈까요?

나: 아니요, 가지 맙시다. 날씨가 너무 더워요.

2) 가: 우리 아이스크림을 먹을까요?

나: 지금 ____________________. 밥을 먼저 먹읍시다.

3) 가: 이반 씨에게 지금 전화할까요?

나: 너무 늦었어요. 지금 ____________________.

4) 가: 오늘은 비가 많이 와요. 그러니까 자전거를 ____________________.

나: 네, 그래요.

5) 가: 지금 방 청소를 할까요?

나: 너무 피곤해요. 지금 ____________________.

연습 5 여기는 지하철입니다. 이 사람들에게 무슨 말을 하고 싶습니까? 그림을 보고 〈보기〉와 같이 이야기해 보십시오.

You are in the subway. What do you want to say to the following people? Look at the picture and practice speaking as shown in the example.

보기 지하철에서 큰 소리로 **이야기하지 마세요.**

⋮

기대다 to lean on

다음 그림을 보고 이야기하십시오.

Look at the following picture and practice speaking.

듣고 말하기 9과에서 더 배워 보세요.
Learn more in Listening & Speaking Chapter 9.

47 동작동사 (으)ㄹ게요

가: 3시까지 이 일을 끝낼 수 있어요?
나: 네, 3시까지 **끝낼게요.**

가: 생일 케이크는 어떻게 할까요?
나: 그건 제가 **만들게요.**

연습 1 빈칸을 채우십시오.
Fill in the blanks.

	동작동사 을게요		동작동사 ㄹ게요
먹다	먹을게요	가다	
읽다		마시다	
찾다		전화하다	
자지 않다		준비하다	
떠들지 않다		★만들다	

연습 2 알맞은 단어를 골라 대화를 완성하십시오.
Complete the dialogues by selecting the correct word.

가다	뛰다	드리다	마시다	말하다

1) 가: 저기요! 숟가락 좀 주세요.
   나: 네, 드릴게요.

2) 가: 집에 몇 시까지 도착할 수 있어요?
   나: 7시까지 ______________________.

3) 가: 루카스 씨, 한국어로 이야기하세요.
   나: 네, 한국어로 ______________________.

4) 가: 병원에서 뛰지 마세요.
   나: 네, ______________________.

5) 가: 술을 많이 마시지 마세요.
   나: 네, 많이 ______________________.

연습 3 **그림을 보고 대화를 완성하십시오.**

Look at the pictures and complete the dialogues.

1) 레아 씨, 이메일을 보냈어요?

미안해요. 제가 지금 보낼게요.

2) 제가 밥을 살게요.

고마워요. 그럼 차는 제가 ________________.

3) 잘 가요. 집에 도착해서 전화해요.

네, 이따가 ________________.

4) 제가 불을 ________________. 잘 자요.

고마워요. 준서 씨도 잘 자요.

5) 수업 시간에 떠들지 마세요.

죄송해요. 이제 ________________.

연습 4 각 사람들에게 어떤 약속을 하고 싶습니까? 친구와 같이 이야기해 보십시오.

What kind of promise would you like to make to each person below? Practice speaking with a friend.

1) 

선생님께

숙제를 꼭 할게요.

______________________.

______________________.

2) 

남자 친구/여자 친구에게

______________________.

______________________.

______________________.

3) 

부모님께

______________________.

______________________.

______________________.

연습 5 이번 주 토요일은 한나의 생일입니다. 한나의 친구가 되어 생일 파티를 준비하십시오. 그리고 〈보기〉와 같이 친구와 이야기해 보십시오.

This Saturday is Hanna's birthday. Take the role of Hanna's friend and prepare her birthday party. And practice speaking with a friend as shown in the example.

생일 파티 준비

보기

가: 제가 과자하고 음료수를 **준비할게요.**

나: 제가 사진을 찍고 식당에 **전화할게요.**

⋮

다음 그림을 보고 이야기하십시오.

Look at the following picture and practice speaking.

듣고 말하기 9과에서 더 배워 보세요.
Learn more in Listening & Speaking Chapter 9.

48 동사 (으)니(까) 1

가: 어느 식당으로 갈까요?
나: 학생 식당의 음식이 **맛있고 싸니까** 거기로 갑시다.

가: 지아 씨, 오늘 도서관에서 같이 공부할 수 있어요?
나: 오늘은 약속이 **있으니까** 다음에 같이 합시다.

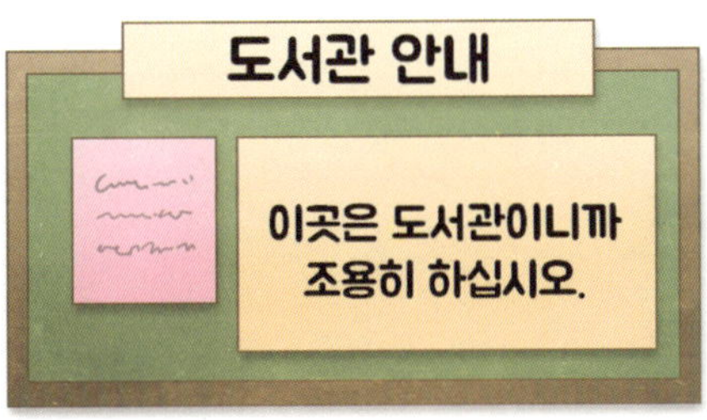

연습 1 빈칸을 채우십시오.

Fill in the blanks.

	동사 으니까		동사 니까
많다		예쁘다	
좋다		자다	
재미있다		공부하다	
먹다		★맵다	매우니까
읽다		★불다	

연습 2 〈보기〉와 같이 문장을 연결하십시오.

Connect the sentences as shown in the example.

보기 비가 와요. 우산을 쓰세요.
→ 비가 오니까 우산을 쓰세요.

1) 배가 고파요. 점심을 먹을까요?

→ ______________________________?

2) 날씨가 좋아요. 산책을 합시다.

→ ______________________________.

3) 음식이 뜨거워요. 천천히 드세요.

→ ______________________________.

4) 이 영화는 재미없어요. 보지 마세요.

→ ______________________________.

5) 저는 점심을 먹었어요. 혼자 드세요.

→ ______________________________.

연습 3 **그림을 보고 문장을 완성하십시오.**
Look at the pictures and complete the sentences.

1) 

아기가 자니까 조용히 하세요.

2) 

여기는 ______________________ 다른 식당에 갑시다.

3) 

______________________ 창문을 닫으세요.

4) 

______________________ 택시를 탈까요?

5) 

______________________ 노래방에 갈까요?

연습 4 〈보기〉와 같이 문장을 완성하십시오.
Complete the sentences as shown in the example.

> 보기 가: 나츠미 씨, 우리 같이 운동할까요?
> 나: 미안해요. 오늘은 피곤하니까 내일 합시다.

1) 가: 타냐 씨, 지금 통화할 수 있어요?

나: 아니요, 지금은 ________________ 이따가 전화할게요.

2) 가: 자이튼 씨, 우리 공포 영화를 볼까요?

나: 음, 공포 영화는 ________________ 코미디 영화를 봅시다.

3) 가: 흐엉 씨, 제가 7월에 베트남에 갈 거예요.

나: 그래요? 7월에는 날씨가 아주 ________________ 반바지를 준비하세요.

> 보기 가: 이반 씨, 우리 내일 지하철역에서 만날까요?
> 나: 지하철역에는 사람이 많으니까 학교 앞에서 만납시다.

4) 가: 장민 씨, 수업이 끝나고 동대문에서 쇼핑할까요?

나: ____.

5) 가: 한나 씨, 오늘 저녁에 같이 저녁을 먹을까요? 시간 있어요?

나: ____.

연습 5 그림을 보고 〈보기〉와 같이 이야기해 보십시오.

Look at the pictures and talk as shown in the example.

식당입니다.
무엇을 먹습니까?

보기

가: 무엇을 먹고 싶어요?
나: 떡볶이를 먹을까요?
가: 떡볶이는 **매우니까** 비빔밥을 먹읍시다.
나: 네, 좋아요.

1) 

친구의 생일입니다.
무슨 선물을 삽니까?

2) 

날씨가 덥습니다.
수업이 끝나고 어디에 갑니까?

다음 그림을 보고 이야기하십시오.

Look at the following picture and practice speaking.

듣고 말하기 9과에서 더 배워 보세요.
Learn more in Listening & Speaking Chapter 9.

49 동작동사 고 있다

[문법] 39과에서 확인해 보세요. [Grammar] Please review what you learned in Chapter 39.

가: 자이튼 씨, 지금 뭐 해요?
나: 집에서 텔레비전을 **보고 있어요.**

가: 준서 씨, 매일 수업 끝나고 어디에 가요?
나: 요즘 학교 근처 수영장에 **다니고 있어요.**

제 동생은 일본에 **살고 있습니다.**

저는 대학교에서 한국어를 **공부하고 있습니다.**

연습 1 그림을 보고 문장을 완성하십시오.

Look at the pictures and complete the sentences.

1) 

지아가 마트에 가고 있습니다.

2) 

흐엉이 ______________________.

3) 

이반이 ______________________.

4) 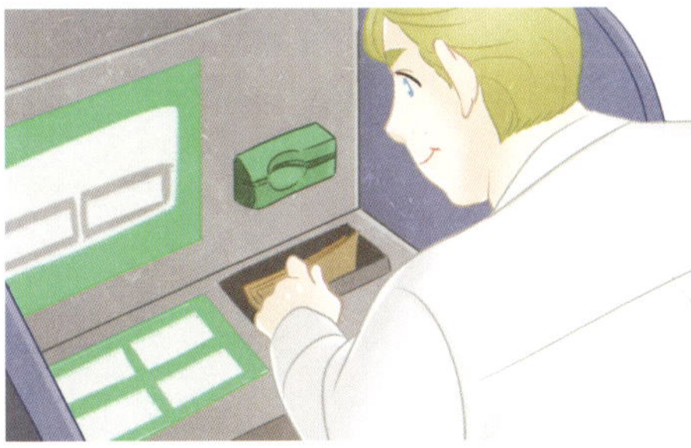

루카스가 ______________________.

5) 

밖에 ______________________.

연습 2 그림을 보고 문장을 완성하십시오.

Look at the pictures and complete the sentences.

1) 

선생님께서 전화를 하고 계세요.

2) 

어머니께서 ______________________.

3) 

아버지께서 ______________________.

4) 

할머니께서 ______________________.

5) 

할아버지께서 ______________________.

연습 3 **그림을 보고 대화를 완성하십시오.**

Look at the pictures and complete the dialogues.

1) 

가: 장민 씨, 지금 뭐 하고 있어요?

나: 지금 점심을 먹고 있어요.

2) 

가: 레아 씨, 요즘도 계속 ______________________?

나: 네, 매일 공원에서 조깅을 하고 있어요.

3) 

가: 흐엉 씨, 지금 게임하고 있어요?

나: 아니요, ______________________.

4) 

가: 준서 씨, 집에 들어갔어요?

나: 아니요, 아직 밖에서 친구하고 ______________________.

5) 

가: 사람들은 다 왔어요?

나: 네, 모두 한나 씨를 ______________________.

빨리 오세요.

가: 지금 ______________________.

정말 미안해요.

연습 4 알맞은 단어를 골라 글을 완성하십시오.
Complete the following text by selecting the correct word.

듣다	다니다	배우다	공부하다

저는 한나입니다. 경희대학교 국제교육원에 1) ______________. 월요일부터 금요일까지 한국어 수업을 2) 듣고 있습니다. 저는 한국 문화도 많이 알고 싶습니다. 그래서 오후에 한국 문화 수업도 듣습니다. 문화 수업에서 한국 요리를 3) ______________. 내년에는 한국에서 대학교에 가고 싶습니다. 그래서 지금 열심히 한국어를 4) ______________.

연습 5 사람들이 무엇을 하고 있습니까? 그림을 보고 〈보기〉와 같이 이야기해 보십시오.
What are the people doing? Look at the picture and practice speaking as shown in the example.

보기 남자가 **피자를 먹고 있어요.**
⋮

다음 그림을 보고 이야기하십시오.

Look at the following picture and practice speaking.

읽고 쓰기 **9과에서 더 배워 보세요.**
Learn more in Reading & Writing Chapter 9.

50 명사 과/와

[문법] 14과에서 배운 내용을 복습해 보세요. [Grammar] Review what you learned in Chapter 14.

50-1

가: 신청서에 **성함과 주소**를 쓰셨습니까?
나: 네, 썼습니다.

가: **운동화와 모자**를 가지고 오셨습니까?
나: 네, 모두 가지고 왔습니다.

매주 **화요일과 목요일** 아침에 회의가 있습니다.

주말에 **친구와** 함께 부산으로 여행을 다녀왔습니다.

성함 name(honorific)

연습 1 〈보기〉와 같이 문장을 완성하십시오.

Complete the sentences as shown in the example.

보기 저는 김치찌개와 비빔밥을 좋아합니다. (김치찌개, 비빔밥)

1) 어제 명동에서 ______________________ 을/를 샀습니다. (가방, 화장품)

2) 아침에는 보통 ______________________ 을/를 먹습니다. (빵, 우유)

3) 나츠미 집에 ______________________ 이/가 있습니다. (강아지, 고양이)

4) 흐엉은 ______________________ 이/가 예쁩니다. (눈, 코)

5) ______________________ 은/는 운동을 좋아합니다. (장민, 이반)

연습 2 그림을 보고 〈보기〉와 같이 대화를 완성하십시오.

Look at the pictures and complete the dialogues as shown in the example.

보기

가: 첸 씨, 어디로 여행을 갔다 오셨어요?

나: 중국과 러시아에 다녀왔어요.

1)

가: 고객님, 무엇이 필요하십니까?

나: 화장실에 ______________________ 이/가 없습니다.

2)

가: 외국어를 잘하십니까?

나: 네. ______________________ 을/를 할 수 있습니다.

3)

가: 김 선생님, 어제 잘 쉬셨어요?

나: 아니요, 어제 ______________________ 을/를 많이 마셔서 잠을 못 잤어요.

4)

가: 혹시 언제 시간이 있으세요?

나: 저는 ______________________ 에 시간이 있습니다.

연습 3 〈보기〉와 같이 문장을 완성하십시오.

Complete the sentences as shown in the example.

보기	지난 주말에 가족과 함께 경복궁에 다녀왔습니다.

1) 한나는 어제 ______________________ 같이 영화를 봤습니다.

2) 장민은 이번 주말에 ______________________ 함께 여행을 갑니다.

3) 나츠미는 매일 ______________________ 함께 한국어를 연습합니다.

4) 저는 작년부터 ______________________ 같이 태권도를 시작했습니다.

5) 루카스는 ______________________ 함께 자주 공원에 갑니다.

연습 4 그림을 보고 글을 완성하십시오.

Look at the picture and complete the text.

지난주 토요일에 나츠미 생일 파티가 있었습니다. 그래서 우리 반 친구들은 생일 파티를 준비했습니다. 저는 케이크를 만들었습니다. 루카스는 1) 이반과 같이 생일 축하 노래를 연습했습니다. 자이툰은 2) ______________ 생일 선물을 준비했습니다. 첸은 3) ______________ 한국어로 생일 축하 카드를 썼습니다. 모두 함께 파티를 준비해서 정말 즐거웠습니다.

연습 5 슈퍼마켓입니다. 〈보기〉와 같이 친구와 이야기해 보십시오.
You are at the supermarket. Practice speaking with a friend as shown in the example.

보기 슈퍼마켓에 **과일과 야채**가 많습니다.
아이가 **엄마와 함께** 슈퍼마켓에 왔습니다.
⋮

다음 그림을 보고 이야기하십시오.
Look at the following picture and practice speaking.

읽고 쓰기 9과에서 더 배워 보세요.
Learn more in Reading & Writing Chapter 9.

부록

듣기 지문
모범 답안
문법 설명
활동지

듣기 지문

1 명사 입니다, 명사 입니까? (Track 1-1)

가: 흐엉 씨, 베트남 사람입니까?
나: 네, 베트남 사람입니다.

2 명사 은/는 1 (Track 2-1)

가: 저는 루카스입니다. 저는 미국 사람입니다. 만나서 반갑습니다.

3 명사 이에요/예요 (Track 3-1)

가: 흐엉 씨, 누구예요?
나: 여동생이에요.

4 명사 이/가 (Track 4-1)

가: 이름이 무엇입니까?
나: 장민입니다.

5 명사 의 (Track 5-1)

가: 레아의 책입니다.

6 명사 이/가 아니다 (Track 6-1)

가: 동생입니까?
나: 아니요, 동생이 아닙니다. 누나입니다.

7 동사 습니다/ㅂ니다 동사 습니까?/ㅂ니까? (Track 7-1)

가: 한국 친구가 많습니까?
나: 네, 많습니다.

8 명사 을/를 (Track 8-1)

가: 무엇을 배웁니까?
나: 한국어를 배웁니다.

9 이/그/저 명사 (Track 9-1)

가: 이 음식이 뭐예요?
나: 비빔밥이에요.

10 한자어 수 (Track 10-1)

국제교육원 사무실 전화번호는 02) 961-0081이에요.

Track 10-2

1) 영/공, 일, 이, 삼, 사, 오, 육, 칠, 팔, 구, 십, 십일, 십이, 십삼, 십사, 십오, 십육, 십칠, 십팔, 십구, 이십

십, 이십, 삼십, 사십, 오십, 육십, 칠십, 팔십, 구십, 백

천, 만, 십만, 백만, 천만, 억

2) 일월, 이월, 삼월, 사월, 오월, 유월, 칠월, 팔월, 구월, 시월, 십일월, 십이월

일일, 이일, 삼일, 사일, 오일, 육일, 칠일, 팔일, 구일, 십일, 십일일, 십이일

Track 10-3

1) 육십팔
2) 삼백삼십오
3) 팔천오백
4) 삼만 구천
5) 칠만 팔천오백
6) 사십육만 오천

11 고유어 수 (Track 11-1)

가: 하나, 둘, 셋, 넷, 다섯, 여섯, 일곱, 여덟, 아홉, 열, 열하나, 열둘 …

Track 11-2

1) 하나, 둘, 셋, 넷, 다섯, 여섯, 일곱, 여덟, 아홉, 열, 열하나, 열둘, 열셋, 열넷, 열다섯, 열여섯, 열일곱, 열여덟, 열아홉, 스물
서른, 마흔, 쉰, 예순, 일흔, 여든, 아흔, …
아흔여덟, 아흔아홉

2) 한 시, 두 시, 세 시, 네 시, 다섯 시, 여섯 시, 일곱 시, 여덟 시, 아홉 시, 열 시, 열한 시, 열두 시

3) 한 살, 두 살, 세 살, 네 살, 다섯 살, … 열 살,
열한 살, 열두 살, 열세 살, 열네 살, 열다섯 살, …
스무 살, 스물한 살, 스물두 살, 스물세 살,
스물네 살, 스물다섯 살, … 서른 살,
마흔 살, 쉰 살, 예순 살, 일흔 살, 여든 살,
아흔 살, 백 살

12 동사 아요/어요 Track 12-1

가: 나츠미 씨, 햄버거가 맛있어요?
나: 네, 맛있어요.

13 명사 에 1 Track 13-1

가: 실례지만 화장실이 어디에 있어요?
나: 저 엘리베이터 옆에 있어요.

14 명사 하고 Track 14-1

가: 무슨 과일을 좋아해요?
나: 딸기하고 포도를 좋아해요.

15 단위 명사 Track 15-1

가: 빵이 몇 개입니까?
나: 두 개입니다.

Track 15-2

1) 자전거가 세 대 있어요.
2) 책이 여섯 권 있어요.
3) 햄버거가 일곱 개 있어요.
4) 여자가 두 명 있어요.

16 ㅂ 불규칙 Track 16-1

가: 교실이 너무 더워요.
나: 그래요? 그럼 창문을 열어요.

17 명사 은/는 2 Track 17-1

가: 오늘 서울은 맑습니다. 부산은 흐립니다.

18 안 동사, 동사 지 않다 Track 18-1

가: 지금 밖에 비 와요?
나: 아니요, 지금 안 와요.

19 명사 에서 Track 19-1

가: 장민 씨는 어디에서 한국어를 배워요?
나: 저는 경희대학교에서 한국어를 배워요.

20 동사 고 1 Track 20-1

가: 학교 앞 커피숍은 어때요?
나: 조용하고 넓어요.

21 명사 에 2 Track 21-1

가: 언제 중간시험을 봐요?
나: 5월 1일에 중간시험을 봐요.

22 명사 도 Track 22-1

가: 파리는 지금 비가 와요. 서울도 비가 와요?
나: 네, 서울도 지금 비가 와요.

23 동사 았/었- Track 23-1

가: 한나 씨, 지난 생일에 뭐 했어요?
나: 저는 남자 친구하고 영화를 봤어요.

24 동작동사 고 2 Track 24-1

가: 한나 씨, 주말에 뭐 했어요?
나: 흐엉하고 점심을 먹고 공원에서 산책했어요.

듣기 지문

25 동작동사 고 싶다 Track 25-1

가: 나츠미 씨, 휴가에 뭐 하고 싶어요?
나: 책을 읽고 싶어요.

26 동작동사 고 싶어 하다 Track 26-1

가: 장민 씨, 나츠미는 휴가에 뭐 하고 싶어 해요?
나: 나츠미는 책을 읽고 싶어 해요.

27 동작동사 (으)세요, 동작동사 (으)십시오 Track 27-1

가: 준서 씨, 동대문 시장에 어떻게 가요?
나: 회기역에서 지하철 1호선을 타고 가세요.

28 명사 (으)로 1 Track 28-1

가: 도서관이 어디예요?
나: 저 건물이에요. 오른쪽으로 가세요.

29 명사 에게/한테/께 Track 29-1

가: 흐엉 생일에 무슨 선물을 주고 싶어요?
나: 저는 흐엉에게 귀걸이를 주고 싶어요.

30 으 탈락 Track 30-1

가: 바지가 어떠세요?
나: 좀 커요.

31 동사 지만 Track 31-1

가: 지아 씨, 이 옷 어때요?
나: 비싸지만 예뻐요.

32 명사 보다 Track 32-1

가: 나츠미 씨는 바지를 자주 입어요?
나: 저는 바지보다 치마를 더 자주 입어요.

33 명사 만 Track 33-1

가: 포도하고 오렌지 있어요?
나: 포도는 없어요. 오렌지만 있어요.

34 명사 (으)로 2 Track 34-1

가: 레아 씨는 집에 어떻게 가요?
나: 버스로 가요.

35 명사 에서 명사 까지, 명사 부터 명사 까지 Track 35-1

가: 서울역에서 명동역까지 지하철로 얼마나 걸려요?
나: 4분 정도 걸려요.

36 동작동사 아서/어서 1 Track 36-1

가: 토요일에 뭐 했어요?
나: 명동에 가서 쇼핑했어요.

37 동사 (으)시- Track 37-1

가: 어디가 아프세요?
나: 배가 아파요.

38 명사 에게(서)/한테(서)/께 Track 38-1

가: 나츠미 씨, 그건 누구한테서 받았어요?
나: 지아한테서 받았어요.

39 동사 (으)ㄹ 겁니다, 동사 (으)ㄹ 거예요 Track 39-1

가: 나츠미 씨, 이번 주말에 뭐 할 거예요?
나: 저는 친구하고 공연장에 갈 거예요.

40 동작동사 (으)ㄹ까요?, 동작동사 (으)ㅂ시다 Track 40-1

가: 우리 같이 식당에 갈까요?
나: 네, 그래요. 같이 갑시다.

41 못 동작동사, 동작동사 지 못하다 Track 41-1

가: 우리 김치찌개를 먹을까요?
나: 김치찌개요? 그건 너무 매워요. 그래서 못 먹어요.

42 동작동사 겠- 1 Track 42-1

가: 저는 이번 학기에 일찍 일어나겠습니다!

43 ㄹ 탈락 Track 43-1

가: 몇 시쯤 문을 여세요?
나: 우리 식당은 11시에 문을 열어요.

44 동작동사 (으)ㄹ 수 있다/없다 Track 44-1

가: 저기요. 여기 음식을 몇 시까지 먹을 수 있어요?
나: 9시까지 드실 수 있습니다.

45 동사 아서/어서 2 Track 45-1

가: 저 식당은 왜 사람이 많아요?
나: 음식이 맛있어서 사람들이 많아요.

46 동작동사 지 말다 Track 46-1

가: 수업 시간에 늦지 마세요.
나: 네, 내일부터 일찍 오겠습니다.

47 동작동사 (으)ㄹ게요 Track 47-1

가: 밤 12시까지 기숙사에 들어오세요.
나: 네, 밤 12시까지 들어올게요.

48 동사 (으)니(까) 1 Track 48-1

가: 다음 주에 시험을 보니까 열심히 공부하세요.
나: 네, 알겠습니다.

49 동작동사 고 있다 Track 49-1

가: 레아 씨, 지금 뭐 하고 있어요?
나: 숙제를 하고 있어요.

50 명사 과/와 Track 50-1

바다로 여행을 가고 싶습니까? … 제주도와 부산은 바다가 정말 아름답습니다.

모범 답안

1 명사 입니다, 명사 입니까?

연습1 빈칸을 채우십시오.

	명사 입니다		명사 입니까?
학생	학생입니다	누구	누구입니까?
선생님	선생님입니다	친구	친구입니까?
의자	의자입니다	무엇	무엇입니까?
책상	책상입니다	시계	시계입니까?
교실	교실입니다	어디	어디입니까?
학교	학교입니다	은행	은행입니까?

연습2 그림을 보고 〈보기〉와 같이 이야기해 보십시오.

방입니다.
흐엉입니다.
사진입니다.
책상입니다.
컴퓨터입니다.
휴대 전화입니다.
의자입니다.
가방입니다.
시계입니다.
침대입니다.
옷입니다.
책입니다.

연습3 그림을 보고 〈보기〉와 같이 대화를 완성하십시오.

1) 식당입니다
2) 도서관입니다
3) 학생입니까
4) 의자입니까

연습4 그림을 보고 〈보기〉와 같이 대화를 완성하십시오.

1) 휴대 전화입니다
2) 선생님입니다
3) 교실입니다

2 명사 은/는 1

연습1 빈칸을 채우십시오.

	명사 은		명사 는
형	형은	저	저는
동생	동생은	누나	누나는
책상	책상은	과자	과자는
연필	연필은	의자	의자는
공원	공원은	여기	여기는
서점	서점은	학교	학교는

연습2 알맞은 것을 연결하고 문장을 완성하십시오.

1) 여기는 은행입니다
2) 이것은 책상입니다
3) 저기는 도서관입니다
4) 나츠미는 학생입니다
5) 김 선생님은 한국 사람입니다

연습3 그림을 보고 〈보기〉와 같이 문장을 완성하십시오.

1) 흐엉은 베트남 사람입니다
2) 장민은 학생입니다
3) 여기는 학생 식당입니다
4) 박지석은 축구 선수입니다

연습4 그림을 보고 〈보기〉와 같이 대화를 완성하십시오.

1) 오늘은 월요일입니다
2) 한국어 교실은 여기입니다
3) 저기는 도서관입니다
4) 동생은 학생입니다

3 명사 이에요/예요

연습1 빈칸을 채우십시오.

	명사 이에요		명사 예요
학생	학생이에요	의사	의사예요
일본 사람	일본 사람이에요	준서	준서예요
볼펜	볼펜이에요	지우개	지우개예요
약국	약국이에요	기숙사	기숙사예요

연습2 〈보기〉와 같이 문장을 완성하십시오.

1) 학생이에요
2) 미국 사람이에요
3) 의자예요
4) 자전거예요
5) 사무실이에요

연습3 그림을 보고 〈보기〉와 같이 대화를 완성하십시오.

1) 루카스 생일 선물이에요
2) 고향 친구예요
3) 저예요
4) 우리 집이에요
5) 나츠미 공책이에요

연습4 그림을 보고 〈보기〉와 같이 대화를 완성하십시오.

1) 비빔밥이에요
2) 운동화예요
3) 한국어 책이에요
4) 우체국이에요
5) 중국 사람이에요

4 명사 이/가

연습1 빈칸을 채우십시오.

	명사 이		명사 가
형	형이	언니	언니가
동생	동생이	오빠	오빠가
가방	가방이	시계	시계가
이름	이름이	학교	학교가
교실	교실이	★저	제가
은행	은행이	★누구	누가

연습2 알맞은 것을 고르십시오.

1) 이
2) 가
3) 가
4) 이
5) 이

연습3 그림을 보고 〈보기〉와 같이 문장을 완성하십시오.

1) 이름이 무엇입니까
2) 저기가 방송국입니까
3) 직업이 무엇입니까
4) 은행이 어디입니까
5) 누가 선생님입니까

연습4 그림을 보고 대화를 완성하십시오.

1) 저것이 무엇이에요
2) 여기가 어디예요
3) 화장실이 어디예요
4) 저기가 도서관이에요
5) 누가 중국 사람이에요

5 명사 의

연습1 그림을 보고 알맞은 것을 연결하십시오. 그리고 문장을 완성하십시오.

1) 선생님의 안경입니다
2) 이반의 친구입니다
3) 장민의 시계입니다
4) 나츠미의 학교입니다
5) 제 휴대 전화입니다

연습2 그림을 보고 〈보기〉와 같이 대화를 완성하십시오.

1) 흐엉의 자전거예요
2) 한나의 가족 사진이에요
3) 이반의 카메라예요
4) 장민의 방이에요
5) 나츠미의 친구예요

연습3 그림을 보고 문장을 완성하십시오.

1) 제, 지아의
2) 흐엉의
3) 제, 리나의

모범 답안

6 명사 이/가 아니다

연습1 빈칸을 채우십시오.

	명사 이 아닙니다	명사 이 아니에요
학생	학생이 아닙니다	학생이 아니에요
책상	책상이 아닙니다	책상이 아니에요
회사원	회사원이 아닙니다	회사원이 아니에요
도서관	도서관이 아닙니다	도서관이 아니에요

	명사 가 아닙니다	명사 가 아니에요
오빠	오빠가 아닙니다	오빠가 아니에요
친구	친구가 아닙니다	친구가 아니에요
의자	의자가 아닙니다	의자가 아니에요
학교	학교가 아닙니다	학교가 아니에요

연습2 그림을 보고 〈보기〉와 같이 문장을 완성하십시오.

1) 이 아닙니다
2) 이 아닙니다
3) 가 아닙니다
4) 가 아닙니다

연습3 그림을 보고 〈보기〉와 같이 대화를 완성하십시오.

1) 방이 아니에요
2) 은행이 아니에요
3) 선생님이 아니에요
4) 휴대 전화가 아니에요
5) 루카스가 아니에요

연습4 여기는 쇼핑몰입니다. 그림을 보고 문장을 완성하십시오.

1) 가 아닙니다, 입니다
2) 가 아닙니다, 입니다
3) 가 아닙니다, 입니다
4) 이 아닙니다, 입니다
5) 가 아닙니다, 입니다

7 동사 습니다/ㅂ니다, 동사 습니까?/ㅂ니까?

연습1 빈칸을 채우십시오.

	동사 습니다		동사 ㅂ니다
덥다	덥습니다	비싸다	비쌉니다
많다	많습니다	깨끗하다	깨끗합니다
먹다	먹습니다	가다	갑니다
읽다	읽습니다	오다	옵니다

	동사 습니까?		동사 ㅂ니까?
쉽다	쉽습니까?	예쁘다	예쁩니까?
어렵다	어렵습니까?	친절하다	친절합니까?
앉다	앉습니까?	배우다	배웁니까?
웃다	웃습니까?	가르치다	가르칩니까?

연습2 그림을 보고 〈보기〉와 같이 문장을 완성하십시오.

1) 레아가 잡니다
2) 비가 옵니다
3) 가방이 예쁩니까
4) 불고기가 맛있습니까

연습3 알맞은 단어를 골라 대화를 완성하십시오.

1) 없습니다
2) 쌉니다
3) 재미있습니다
4) 덥습니까
5) 어렵습니까

연습4 알맞은 단어를 골라 글을 완성하십시오.

저는 경희대학교 학생입니다. 우리 학교는 큽니다. 그리고 예쁩니다. 학교에 친구들이 많습니다. 친구들이 친절합니다. 한국어 공부가 재미있습니다.

연습5 여러분은 공식적인 자리에서 한국어로 이야기해 봤습니까? 공식적인 상황에 맞게 이야기해 보십시오.

1) 친절합니다
2) 재미있습니다

8 명사 을/를

연습1 빈칸을 채우십시오.

	명사 을		명사 를
형	형을	가수	가수를
동생	동생을	언니	언니를
선생님	선생님을	친구	친구를
공책	공책을	바지	바지를
볼펜	볼펜을	주스	주스를
우산	우산을	지우개	지우개를

연습2 알맞은 것을 고르십시오.

1) 을
2) 을
3) 를
4) 를
5) 을
6) 를
7) 을
8) 을
9) 를
10) 을
11) 를
12) 를

연습3 그림을 보고 알맞은 것을 골라 문장을 완성하십시오.

1) 책을 읽습니다
2) 요리를 합니다
3) 과일을 삽니다
4) 영화를 봅니다

연습4 대화를 완성하십시오.

1) 텔레비전을 봅니다
2) 비빔밥을 좋아합니다
3) 농구를 자주 합니다
4) 친구를 만납니다
5) 커피를 좋아합니까

연습5 사람들이 캠핑장에서 무엇을 합니까? 그림을 보고 〈보기〉와 같이 이야기해 보십시오.

1) 가: 무엇을 합니까?
나: 노래를 합니다.
2) 가: 무엇을 합니까?
나: 요리를 합니다.
3) 가: 무엇을 합니까?
나: 수박을 먹습니다.
4) 가: 무엇을 합니까?
나: 이야기를 합니다.
5) 가: 무엇을 합니까?
나: 커피를 마십니다.

9 이/그/저 명사

연습1 알맞은 것을 고르십시오.

1) 저
2) 저
3) 이
4) 저
5) 그

연습2 그림을 보고 〈보기〉와 같이 대화를 완성하십시오.

1) 이 사람이
2) 이 휴대 전화가/이것이
3) 저 사람이/저 가수가
4) 그 선물이/그것이

모범 답안

10 한자어 수

연습2 빈칸을 채우십시오.

1) 칠십오
2) 사백십팔
3) 이천삼백
4) 사만 오천육백
5) 칠십팔만 삼천
6) 오백구십구만 구천

연습3 잘 듣고 〈보기〉와 같이 쓰십시오.

1) 68
2) 335
3) 8,500
4) 39,000
5) 78,500
6) 465,000

연습5 〈보기〉와 같이 이야기해 보십시오.

– 가: 시험이 언제예요?
  나: 시험은 11월 1일, 2일이에요.
– 가: 나츠미 생일이 언제예요?
  나: 나츠미 생일은 11월 10일이에요.
– 가: 이반 생일이 언제예요?
  나: 이반 생일은 11월 21일이에요.
– 가: 사진 촬영이 언제예요?
  나: 사진 촬영은 11월 30일이에요.

연습6 〈보기〉와 같이 두 사람이 가격을 묻고 답하면서 빈칸을 채워 보십시오.

(가)	(나)
① ₩ 4,800	❶ ₩ 6,200
② ₩ 4,500	❷ ₩ 4,250
③ ₩ 6,500	❸ ₩ 5,980
④ ₩ 12,900	❹ ₩ 13,600
⑤ ₩ 15,500	❺ ₩ 14,560
⑥ ₩ 27,800	❻ ₩ 15,900

11 고유어 수

연습2 알맞은 것을 쓰십시오.

1) 38
2) 마흔하나
3) 57
4) 예순다섯
5) 89
6) 아흔여섯

연습3 그림을 보고 문장을 완성하십시오.

1) 여섯, 십
2) 세, 이십
3) 열두, 삼십오
4) 네, 삼십/네, 반

연습4 그림을 보고 글을 완성하십시오.

1) 스물네
2) 스무
3) 열여섯

연습5 그림을 보고 대화를 완성하십시오.

1) 네 시 십 분이에요
2) 두 시예요
3) 한 시 십오 분이에요
4) 서른한 살이에요
5) 열두 살이에요

12 동사 아요/어요

연습1 빈칸을 채우십시오.

	동사 아요		동사 어요		동사 해요
많다	많아요	길다	길어요	깨끗하다	깨끗해요
좋다	좋아요	적다	적어요	친절하다	친절해요
비싸다	비싸요	재미있다	재미있어요	피곤하다	피곤해요
찾다	찾아요	먹다	먹어요	공부하다	공부해요
가다	가요	읽다	읽어요	운동하다	운동해요
보다	봐요	마시다	마셔요	좋아하다	좋아해요

연습2 〈보기〉와 같이 문장을 바꾸십시오.

1) 머리가 길어요
2) 친구가 앉아요
3) 아기가 자요
4) 옷을 입어요
5) 커피를 마셔요
6) 떡볶이를 좋아해요

연습3 그림을 보고 알맞은 단어를 골라 문장을 완성하십시오.

1) 많아요
2) 비싸요
3) 작아요
4) 맛있어요
5) 깨끗해요
6) 울어요

연습4 〈보기〉와 같이 문장을 바꾸십시오.

1) 가르쳐요
2) 경찰관이에요
3) 고등학생이에요
4) 공부해요

연습5 그림을 보고 알맞은 단어를 골라 대화를 완성하십시오.

1) 봐요
2) 쇼핑해요
3) 청소해요
4) 없어요
5) 맛있어요

13 명사 에 1

연습1 〈보기〉와 같이 문장을 완성하십시오.

1) 의자가 방에 있어요, 방에 의자가 있어요
2) 우유가 냉장고에 있어요, 냉장고에 우유가 있어요
3) 남동생이 학교에 있어요, 학교에 남동생이 있어요
4) 약국이 2층에 있어요, 2층에 약국이 있어요
5) 공책이 집에 있어요, 집에 공책이 있어요

연습2 그림을 보고 〈보기〉와 같이 대화를 완성하십시오.

1) 가: 이반 씨, 지금 어디에 있어요?
   나: 저는 지금 국제교육원에 있어요.
2) 가: 지아 씨, 지금 어디에 있어요?
   나: 저는 지금 학생 식당에 있어요.
3) 가: 흐엉 씨, 지금 어디에 있어요?
   나: 저는 지금 병원에 있어요.
4) 가: 한나 씨, 지금 어디에 있어요?
   나: 저는 지금 기숙사에 있어요.
5) 가: 나츠미 씨, 지금 어디에 있어요?
   나: 저는 지금 도서관에 있어요.

연습3 그림을 보고 〈보기〉와 같이 대화를 완성하십시오.

1) 가: 장민 씨는 어디에 살아요?
   나: 동대문에 살아요.
2) 가: 루카스 씨는 어디에 살아요?
   나: 신촌에 살아요.
3) 가: 한나 씨는 어디에 살아요?
   나: 이태원에 살아요.
4) 가: 레아 씨는 어디에 살아요?
   나: 강남에 살아요.
5) 가: 준서 씨는 어디에 살아요?
   나: 삼성동에 살아요.

연습4 그림을 보고 대화를 완성하십시오.

1) 산에 가요
2) 식당에 가요
3) 집에 가요
4) 한국에 와요

모범 답안

연습5 그림을 보고 〈보기〉와 같이 대화를 완성하십시오.

1) 교실에 책이/공책이/달력이/지도가/창문이 있어요
2) 교실에 학생이 있어요/교실에 선생님이 계세요
3) 교실에 책상이/의자가/책이 많아요
4) 교실에 시계가/텔레비전이 없어요

14 명사 하고

연습1 그림을 보고 알맞은 단어를 골라 문장을 완성하십시오.

1) 침대하고 책상이/책상하고 침대가
2) 나무하고 꽃이/꽃하고 나무가
3) 사과하고 바나나를/바나나하고 사과를
4) 라면하고 김밥을/김밥하고 라면을
5) 한국어하고 일본어를/일본어하고 한국어를

연습2 그림을 보고 대화를 완성하십시오.

1) 휴지하고 치약을 찾아요/치약하고 휴지를 찾아요
2) 불고기하고 비빔밥을 좋아해요/비빔밥하고 불고기를 좋아해요
3) 꽃하고 카드를 선물해요/카드하고 꽃을 선물해요
4) 지아하고 준서를 만나요/준서하고 지아를 만나요

연습3 〈보기〉와 같이 문장을 완성하십시오.

1) 언니하고 같이
2) 루카스하고 같이
3) 레아하고 같이
4) 선생님하고 같이

연습4 그림을 보고 대화를 완성하십시오.

1) 남자 친구하고 같이 영화를 봐요
2) 루카스하고 같이 쇼핑을 해요
3) 장민하고 같이 게임을 해요
4) 가족하고 같이 여행을 가요

15 단위 명사

연습1 그림을 보고 빈칸을 채우십시오.

1) 한
2) 두, 두
3) 세
4) 네
5) 한
6) 세
7) 한
8) 두
9) 두
10) 한
11) 한
12) 두

연습2 다음을 듣고 맞는 것을 찾으십시오.

1) ☑ ☐
2) ☐ ☑
3) ☑ ☐
4) ☐ ☑

연습3 그림을 보고 〈보기〉와 같이 이야기하십시오.

1) 두 그릇 있어요.
2) 세 마리 있어요.
3) 세 대 있어요.
4) 여섯 명 있어요.
5) 여섯 송이 있어요.

16 ㅂ 불규칙

연습1 빈칸을 채우십시오.

	동사 아/어요	동사 (으)세요?	동사 습/ㅂ니다
덥다	더워요	더우세요?	덥습니다
춥다	추워요	추우세요?	춥습니다
가볍다	가벼워요	가벼우세요?	가볍습니다
무겁다	무거워요	무거우세요?	무겁습니다
돕다	도와요	도우세요?	돕습니다
좁다	좁아요	좁으세요?	좁습니다
입다	입어요	입으세요?	입습니다

연습2 〈보기〉와 같이 문장을 완성하십시오.

1) 매워요
2) 무거워요
3) 쉬워요
4) 도와요

연습3 알맞은 단어를 골라 대화를 완성하십시오.

1) 추워요
2) 뜨거워요
3) 고마워요
4) 어려워요
5) 매워요

17 명사 은/는 2

연습1 〈보기〉와 같이 문장을 완성하십시오.

1) 누나는 선생님입니다
2) 사자는 큽니다
3) 학생은 태권도를 배웁니다
4) 저 식당에는 사람이 적습니다

연습2 〈보기〉와 같이 문장을 완성하십시오.

1) 저기는 학생 식당이에요
2) 제주도는 비가 와요
3) 이반은 영화를 봐요
4) 루카스는 한국어를 공부해요

연습3 〈보기〉와 같이 문장을 써 보십시오.

1) 볼펜은 길어요. 연필은 짧아요.
2) 운동장은 넓어요. 교실은 좁아요.
3) 남산서울타워는 높아요. 학교는 낮아요.

연습4 〈보기〉와 같이 대화를 완성하십시오.

1) 쓰기는 어려워요
2) 불고기는 맛없어요
3) 한국에는 친구가 없어요
4) 축구는 싫어해요
5) 이메일 주소는 알아요

18 안 동사, 동사 지 않다

연습1 빈칸을 채우십시오.

	안 동사	동사 지 않습니다
많다	안 많아요	많지 않습니다
비싸다	안 비싸요	비싸지 않습니다
깨끗하다	안 깨끗해요	깨끗하지 않습니다
먹다	안 먹어요	먹지 않습니다
가다	안 가요	가지 않습니다
좋아하다	안 좋아해요	좋아하지 않습니다
청소하다	청소(를) 안 해요	청소하지 않습니다/ 청소를 하지 않습니다
이야기하다	이야기(를) 안 해요	이야기하지 않습니다/ 이야기를 하지 않습니다

연습2 〈보기〉와 같이 문장을 바꾸십시오.

1) 장민은 커피를 안 마셔요
2) 교실이 안 깨끗해요
3) 나츠미는 운동(을) 안 해요
4) 이 옷은 비싸지 않습니다
5) 레아는 아침을 먹지 않습니다
6) 흐엉은 지금 자지 않습니다

연습3 그림을 보고 〈보기〉와 같이 대화를 완성하십시오.

1) 안 좋아해요
2) 안 가요
3) 운동(을) 안 해요
4) 안 많아요

연습4 장민에 대한 소개 글을 완성하십시오.

1) 운동을 합니다
2) 요리를 하지 않습니다/요리하지 않습니다
3) 게임을 하지 않습니다
4) 청소를 하지 않습니다/청소하지 않습니다

모범 답안

19 명사 에서

연습1 〈보기〉와 같이 문장을 완성하십시오.

1) 식당에서 식사를 합니다
2) 학교에서 수업을 듣습니다
3) 편의점에서 라면을 먹습니다
4) 우체국에서 편지를 보냅니다
5) 마트에서 과일하고 채소를 삽니다

연습2 그림을 보고 알맞은 것을 연결하십시오. 그리고 문장을 완성하십시오.

1) 도서관에서 숙제를 해요
2) 은행에서 돈을 찾아요
3) PC방에서 게임을 해요
4) 화장실에서 손을 씻어요

연습3 그림을 보고 〈보기〉와 같이 이야기해 보십시오.

1) 흐엉이 베트남에서 수영을 해요. 지아가 베트남에서 배를 타요.
2) 장민이 몽골에서 말을 타요. 이반이 몽골에서 고기를 먹어요.
3) 흐엉이 중국에서 동물을 구경해요. 한나가 중국에서 음료수를 마셔요.
4) 나츠미가 일본에서 초밥을 먹어요. 레아가 일본에서 맥주를 마셔요.
5) 이반이 러시아에서 사진을 찍어요. 루카스가 러시아에서 경치를 구경해요.

연습4 그림을 보고 〈보기〉와 같이 이야기해 보십시오.

1) 가: 학교에서 뭐 해요?
   나: 저는 학교에서 친구들을 만나요.
2) 가: 명동에서 뭐 해요?
   나: 저는 명동에서 화장품을 사요.
3) 가: 집에서 뭐 해요?
   나: 저는 집에서 쉬어요.
4) 가: 커피숍에서 뭐 해요?
   나: 저는 커피숍에서 차를 마셔요.
5) 가: 기숙사에서 뭐 해요?
   나: 저는 기숙사에서 잠을 자요.
6) 가: 운동장에서 뭐 해요?
   나: 저는 운동장에서 조깅을 해요.
7) 가: 공원에서 뭐 해요?
   나: 저는 공원에서 자전거를 타요.
8) 가: 도서관에서 뭐 해요?
   나: 저는 도서관에서 책을 읽어요.

연습5 그림을 보고 〈보기〉와 같이 이야기해 보십시오.

1) 가: 어디에서 숙제를 해요?
   나: 저는 보통 도서관에서 숙제를 해요.
2) 가: 어디에서 책을 읽어요?
   나: 저는 보통 커피숍에서 책을 읽어요.
3) 가: 어디에서 과자를 사요?
   나: 저는 보통 편의점에서 과자를 사요.
4) 가: 어디에서 밥을 먹어요?
   나: 저는 보통 학교 근처 식당에서 밥을 먹어요.
5) 가: 어디에서 친구를 만나요?
   나: 저는 보통 명동에서 친구를 만나요.
6) 가: 어디에서 영화를 봐요?
   나: 저는 보통 영화관에서 영화를 봐요.
7) 가: 어디에서 쉬어요?
   나: 저는 보통 집에서 쉬어요.
8) 가: 어디에서 쇼핑을 해요?
   나: 저는 보통 동대문에서 쇼핑을 해요.

20 동사 고 1

연습1 빈칸을 채우십시오.

	동사 고		명사 (이)고
덥다	덥고	책상	책상이고
예쁘다	예쁘고	학생	학생이고
친절하다	친절하고	비빔밥	비빔밥이고
가다	가고	가수	가수고/가수이고
먹다	먹고	의자	의자고/의자이고
노래하다	노래하고	불고기	불고기고/불고기이고

연습2 〈보기〉와 같이 문장을 연결하십시오.

1) 루카스는 한국어를 배우고 레아는 일본어를 배웁니다
2) 자이튼은 주스를 마시고 이반은 커피를 마십니다
3) 제 동생은 귀엽고 똑똑합니다
4) 기숙사 방이 넓고 깨끗합니다

연습3 〈보기〉와 같이 문장을 완성하십시오.

1) 장민은 중국 사람이고 준서는 한국 사람입니다
2) 언니는 의사고 오빠는 선생님입니다
3) 여기는 기숙사고 저기는 도서관입니다
4) 이것은 문법 책이고 저것은 말하기 책입니다

연습4 그림을 보고 〈보기〉와 같이 문장을 완성하십시오.

1) 시원하고 맛있습니다
2) 작고 귀엽습니다
3) 깨끗하고 조용합니다

21 명사 에 2

연습1 〈보기〉와 같이 문장을 완성하십시오.

1) 겨울에 눈이 와요
2) 생일에 케이크를 먹어요
3) 방학에 고향에 돌아가요
4) 점심에 학생 식당에 가요
5) 이번 주 토요일에 콘서트를 봐요

연습2 문장을 완성하십시오.

1) 월요일에 축구 경기가 있어요
2) 화요일에 한강공원에 가요
3) 목요일에 고향 친구를 만나요
4) 주말에 부산에 가요
5) 매일 헬스클럽에서 운동을 해요

연습3 대화를 완성하십시오.

1) 7시에 저녁을 먹어요
2) 6시에 친구를 만나요
3) 아침에 조깅을 해요
4) 방학에 여행을 가요
5) 주말에 영화를 봐요

연습4 〈보기〉와 같이 이야기해 보십시오.

1) 가: 언제 중간시험이 있어요?
   나: 8월 16일에 중간시험이 있어요.
2) 가: 언제 현지 학습이 있어요?
   나: 8월 20일에 현지 학습이 있어요.
3) 가: 언제 우리 반 회식이 있어요?
   나: 8월 23일에 우리 반 회식이 있어요.
4) 가: 언제 태권도 동아리 모임이 있어요?
   나: 8월 25일 5시에 태권도 동아리 모임이 있어요.

22 명사 도

연습1 〈보기〉와 같이 문장을 완성하십시오.

1) 책상도
2) 흐엉도
3) 지아도
4) 저도

연습2 〈보기〉와 같이 문장을 완성하십시오.

1) 편지도
2) 물도
3) 수영도
4) 중국 노래도

연습3 〈보기〉와 같이 대화를 완성하십시오.

1) 명동에 자주 가요. 그리고 동대문 시장에도 자주 가요.
2) 도서관에서 공부해요. 그리고 커피숍에서도 공부해요.
3) 화요일에 친구를 만나요. 그리고 토요일에도 친구를 만나요.

연습4 그림을 보고 대화를 완성하십시오.

1) 목도 아파요
2) 태권도도 배워요
3) 김치찌개도 좋아해요
4) 수영도 해요

모범 답안

연습5 그림을 보고 〈보기〉와 같이 이야기해 보십시오.

– 교실에 책상이 있어요. 의자도 있어요.
– 루카스가 책을 읽어요. 흐엉도 책을 읽어요.
– 레아가 전화를 해요. 장민도 전화를 해요.
– 나츠미가 빵을 먹어요. 우유도 마셔요.

23 동사 았/었-

연습1 빈칸을 채우십시오.

	동사 았어요		동사 었어요		동사 했어요
많다	많았어요	적다	적었어요	깨끗하다	깨끗했어요
싸다	쌌어요	재미있다	재미있었어요	조용하다	조용했어요
좋다	좋았어요	먹다	먹었어요	행복하다	행복했어요
놀다	놀았어요	쉬다	쉬었어요	공부하다	공부했어요
앉다	앉았어요	주다	주었어요/줬어요	운동하다	운동했어요
만나다	만났어요	★춥다	추웠어요	요리하다	요리했어요

연습2 〈보기〉와 같이 문장을 완성하십시오.

1) 아침에 빵을 먹었어요
2) 어젯밤에 야구장에 갔어요
3) 지난달에 한국에 왔어요
4) 지난주 토요일에 영화를 봤어요
5) 그저께 날씨가 좋았어요

연습3 그림을 보고 대화를 완성하십시오.

1) 김치찌개를 먹었어요
2) 부산에 다녀왔어요
3) 쉬었어요
4) 자전거를 탔어요
5) 재미있었어요, 많았어요

연습4 알맞은 것을 골라 글을 완성하십시오.

1) 있었습니다
2) 만났습니다
3) 했습니다
4) 돌아왔습니다
5) 즐거웠습니다

24 동작동사 고 2

연습1 〈보기〉와 같이 문장을 연결하십시오.

1) 손을 씻고 요리를 해요
2) 드라마를 보고 잠을 자요
3) 숙제를 하고 텔레비전을 봤어요
4) 저녁에 운동을 하고 샤워를 했어요

연습2 그림을 보고 문장을 완성하십시오.

1) 저녁을 먹고
2) 일기를 쓰고
3) 생일 파티를 하고
4) 시험이 끝나고

연습3 그림을 보고 〈보기〉와 같이 이야기해 보십시오.

1) 가: 루카스 씨, 지난 주말에 뭐 했어요?
   나: 이반하고 (같이) 축구를 하고 아이스크림을 먹었어요.
2) 가: 장민 씨, 지난 주말에 뭐 했어요?
   나: 한국어 공부를 하고 친구하고 컴퓨터 게임을 했어요.
3) 가: 흐엉 씨, 지난 주말에 뭐 했어요?
   나: 친구하고 한강에서 자전거를 타고 치킨을 먹었어요.
4) 가: 레아 씨, 지난 주말에 뭐 했어요?
   나: 한옥을 구경하고 기념품 가게에서 선물을 샀어요.

연습4 나츠미의 하루 일과입니다. 그림을 보고 〈보기〉와 같이 이야기해 보십시오.

1) 세수를 하고 아침을 먹어요.
   → 아침을 먹고 이를 닦아요.
   → 이를 닦고 화장을 해요.
2) 한국어를 공부하고 점심을 먹어요.
   → 점심을 먹고 커피를 마셔요.
   → 커피를 마시고 집에 가요.

25 동작동사 고 싶다

연습1 빈칸을 채우십시오.

	동작동사 고 싶어요	동작동사 고 싶습니다	동작동사 고 싶었습니다
먹다	먹고 싶어요	먹고 싶습니다	먹고 싶었습니다
받다	받고 싶어요	받고 싶습니다	받고 싶었습니다
사다	사고 싶어요	사고 싶습니다	사고 싶었습니다
읽다	읽고 싶어요	읽고 싶습니다	읽고 싶었습니다
마시다	마시고 싶어요	마시고 싶습니다	마시고 싶었습니다
공부하다	공부하고 싶어요	공부하고 싶습니다	공부하고 싶었습니다

연습2 알맞은 단어를 골라 문장을 완성하십시오.

1) 가고 싶습니다
2) 만나고 싶습니다
3) 살고 싶습니다
4) 주고 싶습니다
5) 먹고 싶었습니다

연습3 그림을 보고 대화를 완성하십시오.

1) 마시고 싶어요
2) 보고 싶어요
3) 가고 싶어요
4) 자전거를 타고 싶어요

26 동작동사 고 싶어 하다

연습1 빈칸을 채우십시오.

	동작동사 고 싶어 해요	동작동사 고 싶어 합니다	동작동사 고 싶어 했습니다
가다	가고 싶어 해요	가고 싶어 합니다	가고 싶어 했습니다
놀다	놀고 싶어 해요	놀고 싶어 합니다	놀고 싶어 했습니다
사다	사고 싶어 해요	사고 싶어 합니다	사고 싶어 했습니다
만나다	만나고 싶어 해요	만나고 싶어 합니다	만나고 싶어 했습니다
운동하다	운동하고 싶어 해요	운동하고 싶어 합니다	운동하고 싶어 했습니다

연습2 〈보기〉와 같이 문장을 완성하십시오.

1) 콘서트를 보고 싶어 해요/콘서트장에 가고 싶어 해요
2) 영화를 보고 싶어 해요/친구를 만나고 싶어 해요
3) 노트북을 사고 싶어 해요
4) 쇼핑을 하고 싶어 해요/옷을 사고 싶어 해요

연습3 〈보기〉와 같이 문장을 완성하십시오.

1) 농구를 하고 싶어 해요
2) 제주도에 가고 싶어 해요
3) 신발을 받고 싶어 해요
4) 수영을 배우고 싶어 해요

27 동작동사 (으)세요, 동작동사 (으)십시오

연습1 빈칸을 채우십시오.

	동작동사 으세요	동작동사 으십시오
씻다	씻으세요	씻으십시오
앉다	앉으세요	앉으십시오
찍다	찍으세요	찍으십시오
★먹다	드세요	드십시오
★있다	계세요	계십시오

	동작동사 세요	동작동사 십시오
가다	가세요	가십시오
쓰다	쓰세요	쓰십시오
기다리다	기다리세요	기다리십시오
★자다	주무세요	주무십시오
★마시다	드세요	드십시오

연습2 그림을 보고 〈보기〉와 같이 문장을 완성하십시오.

1) 앉으세요
2) 이야기하세요
3) 주세요
4) 드세요

연습3 그림을 보고 알맞은 단어를 골라 대화를 완성하십시오.

1) 주세요
2) 사귀세요
3) 올라가세요
4) 쓰세요

모범 답안

연습4 그림을 보고 문장을 완성하십시오.

1) 가십시오
2) 하십시오
3) 이용하십시오
4) 잡으십시오

28 명사 (으)로 1

연습1 빈칸을 채우십시오.

	명사 으로		명사 로
2층	2층으로	위	위로
은행	은행으로	지하	지하로
일본	일본으로	학교	학교로
오른쪽	오른쪽으로	★사무실	사무실로

연습2 그림을 보고 대화를 완성하십시오.

1) 사무실로
2) 7층으로
3) 5번 출구로
4) 지하로/주차장으로/지하 주차장으로
5) 앞으로

연습3 그림을 보고 대화를 완성하십시오.

1) 4층으로 내려오세요
2) 정문 앞으로 오세요
3) 밖으로 나가세요
4) 8층으로 올라오세요
5) 지하 2층으로 내려가세요

29 명사 에게/한테/께

연습1 〈보기〉와 같이 문장을 완성하십시오.

1) 동생에게 인형을 줍니다
2) 한나에게 숙제를 물어봅니다
3) 첸에게 전화를 합니다
4) 부모님께 선물을 드립니다

연습2 그림을 보고 알맞은 표현을 골라 문장을 완성하십시오.

1) 지아가 나츠미에게 선물을 줍니다
2) 언니가 동생에게 피아노를 가르칩니다
3) 나츠미가 한나에게 메시지를 보냅니다
4) 흐엉이 루카스에게 숙제를 물어봅니다
5) 레아가 김 선생님께 꽃을 드립니다

연습3 〈보기〉와 같이 대화를 완성하십시오.

1) 여자 친구한테 꽃을 줬어요
2) 고향 친구한테 소포를 보내요
3) 한나한테 전화를 해요
4) 선생님께 드렸어요
5) 저한테 이야기했어요

30 으 탈락

연습1 빈칸을 채우십시오.

	동사 아/어요	동사 았/었어요	동사 습/ㅂ니다
고프다	고파요	고팠어요	고픕니다
기쁘다	기뻐요	기뻤어요	기쁩니다
나쁘다	나빠요	나빴어요	나쁩니다
슬프다	슬퍼요	슬펐어요	슬픕니다
아프다	아파요	아팠어요	아픕니다
끄다	꺼요	껐어요	끕니다
쓰다	써요	썼어요	씁니다

연습2 문장을 바꾸십시오.

1) 영화가 슬퍼요
2) 사과가 커요
3) 날씨가 나빠요
4) 머리가 아파요
5) 여자 친구가 예뻐요

연습3 문장을 바꾸십시오.

1) 어제 배가 아팠어요
2) 지난주에 너무 바빴어요
3) 친구 결혼식에 꽃이 예뻤어요
4) 지난 방학에 가족에게 편지를 썼어요
5) 어젯밤에 영화를 보고 텔레비전을 껐어요

연습4 알맞은 단어를 골라 문장을 완성하십시오.

1) 바빠요
2) 아픕니다
3) 고파요
4) 커요
5) 기뻤어요

연습5 그림을 보고 대화를 완성하십시오.

1) 아파요
2) 바빠요
3) 예뻐요
4) 썼어요
5) 껐어요, 껐어요

31 동사 지만

연습1 알맞은 단어를 골라 〈보기〉와 같이 문장을 완성하십시오.

1) 크지만
2) 맛있지만
3) 길지만
4) 좋아하지만
5) 많지만

연습2 〈보기〉와 같이 문장을 연결하십시오.

1) 첸은 신문을 읽지만 나츠미는 신문을 안 읽어요
2) 한나는 영화를 자주 보지만 준서는 영화를 자주 안 봐요
3) 장민은 숙제를 했지만 이반은 숙제를 하지 않았어요
4) 레아는 골프를 배웠지만 흐엉은 골프를 배우지 않았어요

연습3 〈보기〉와 같이 문장을 연결하십시오.

1) 루카스는 야구를 좋아하지만 축구는 안 좋아해요
2) 지아는 춤을 잘 추지만 노래는 못해요
3) 제 방에는 텔레비전이 있지만 냉장고는 없어요
4) 저는 고향에서는 피아노를 쳤지만 한국에서는 피아노를 안 쳐요

연습4 그림을 보고 〈보기〉와 같이 문장을 완성하십시오.

1) 좁지만 깨끗해요
2) 힘들지만 재미있어요
3) 편리하지만 사람이 많아요
4) 비싸지만 디자인이 예뻐요
5) 빠르지만 요금이 비싸요

연습5 〈보기〉와 같이 문장을 완성하십시오.

1) 티셔츠는 싸지만 코트는 비싸요
2) 중국은 가깝지만 미국은 멀어요
3) 말하기는 쉽지만 쓰기는 어려워요
4) 야구는 잘하지만 농구는 못해요

32 명사 보다

연습1 〈보기〉와 같이 문장을 완성하십시오.

1) 구두보다
2) 여학생보다
3) 지하철역보다
4) 장민보다

연습2 〈보기〉와 같이 문장을 완성하십시오.

1) 커피보다 차를
2) 레아보다 장민을
3) 스키보다 스케이트를
4) 클래식보다 K-POP을

연습3 대화를 완성하십시오.

1) 사과보다 딸기를 좋아해요
2) 한국 음식보다 고향 음식을 자주 먹어요
3) 동대문보다 명동에 자주 가요
4) 축구보다 야구를 잘해요
5) 영화보다 드라마를 자주 봐요

연습4 〈보기〉와 같이 문장을 완성하십시오.

1) 주말은 평일보다 사람이 많습니다
2) 도시는 시골보다 차가 많습니다
3) 시장은 백화점보다 물건 값이 쌉니다

모범 답안

33 명사 만

연습1 〈보기〉와 같이 문장을 완성하십시오.

1) 여학생만 있어요
2) 카드만 있어요
3) 저만 한국에 살아요
4) 나츠미만 밥을 먹었어요

연습2 〈보기〉와 같이 문장을 완성하십시오.

1) 채소만 먹어요
2) 일본어만 배워요
3) 아이스크림만 샀어요
4) 신문만 읽었어요

연습3 〈보기〉와 같이 대화를 완성하십시오.

1) 주말에는 한국어를 공부 안 해요. 평일에만 한국어를 공부해요.
2) 경희 가게에서는 이 화장품을 안 팔아요. 행복 마트에서만 이 화장품을 팔아요.
3) 친구 집에는 안 갔어요. 도서관에만 갔어요.

연습4 그림을 보고 대화를 완성하십시오.

1) 저만 있어요
2) 바지만 샀어요
3) 노란색 원피스만 있어요/노란색만 있어요
4) 오이만 샀어요
5) 230사이즈만 있어요

34 명사 (으)로 2

연습1 빈칸을 채우십시오.

	명사 으로		명사 로
계단	계단으로	비누	비누로
볼펜	볼펜으로	택시	택시로
사전	사전으로	비행기	비행기로
숟가락	숟가락으로	★이메일	이메일로
인터넷	인터넷으로	★지하철	지하철로

연습2 〈보기〉와 같이 문장을 완성하십시오.

1) 볼펜으로
2) 젓가락으로
3) 한국어로
4) SNS로

연습3 그림을 보고 〈보기〉와 같이 대화를 완성하십시오.

1) 비행기로
2) 택시로
3) 전화로
4) 계단으로

연습4 여러분은 다음 물건으로 무엇을 합니까? 〈보기〉와 같이 이야기해 보십시오.

- 휴대 전화로 음악을 들어요.
- 휴대 전화로 게임을 해요.
- 휴대 전화로 날씨를 봐요.
- 휴대 전화로 전화를 해요.
- 휴대 전화로 사진을 찍어요.
- 휴대 전화로 친구하고 전화해요.
- 휴대 전화로 쇼핑해요.

35 명사 에서 명사 까지, 명사 부터 명사 까지

연습1 〈보기〉와 같이 문장을 완성하십시오.

1) 서울에서 경주까지
2) 서울역에서 전주역까지
3) 한국에서 베트남까지
4) 여기에서 명동까지

연습2 〈보기〉와 같이 문장을 완성하십시오.

1) 8월 30일부터 9월 26일까지
2) 월요일부터 금요일까지
3) 오늘부터 다음 주 일요일까지
4) 작년 1월부터 올해 1월까지

연습3 〈보기〉와 같이 대화를 완성하십시오.

1) 오후 3시부터 5시까지 한국어를 공부했어요
2) 사당역까지 가요
3) 다음 주 월요일부터 방학이에요

연습4 그림을 보고 대화를 완성하십시오.

1) 저녁 7시부터 8시까지 운동을 해요
2) 동대문 시장에서 출발해요
3) 9월부터 한국어를 공부했어요
4) 저녁 8시까지 일했어요

36 동작동사 아서/어서 1

연습1 빈칸을 채우십시오.

	동작동사 아서		동작동사 어서		동작동사 해서
앉다	앉아서	씻다	씻어서	공부하다	공부해서
찾다	찾아서	찍다	찍어서	요리하다	요리해서
가다	가서	내리다	내려서	전화하다	전화해서
오다	와서	배우다	배워서	주문하다	주문해서
만나다	만나서	★쓰다	써서	이야기하다	이야기해서

연습2 그림을 보고 〈보기〉와 같이 문장을 완성하십시오.

1) 음식을 만들어서 친구하고 같이 먹어요
2) 그림을 그려서 친구에게 선물해요
3) 사진을 찍어서 부모님께 보내요

연습3 〈보기〉와 같이 문장을 연결하십시오.

1) 포도를 씻어서 먹어요
2) 어제 친구를 만나서 같이 영화를 봤어요
3) 지난 주말에 스키장에 가서 스키를 탔어요
4) 다음 역에서 내려서 2호선으로 갈아타세요

연습4 〈보기〉와 같이 대화를 완성하십시오.

1) 꽃을 사서 나츠미에게 줬어요
2) 친구를 만나서 영화를 봐요
3) 아침에 일어나서 가장 먼저 세수해요
4) 한국어를 배워서 한국 대학교에 가고 싶어요
5) 제주도에 가서 등산을 하고 싶어요

연습5 루카스는 오늘 어디에 가서 무엇을 했습니까? 그림을 보고 이야기해 보십시오.

① 루카스는 아침에 일어나서 서울역에 갔어요.
② 서울역에 가서 친구를 만났어요.
③ 친구를 만나서 같이 기차를 탔어요.
④ 기차를 타고 강릉에 갔어요.
⑤ 강릉에 가서 회를 먹었어요.
⑥ 바다에 가서 사진을 찍었어요.
⑦ 사진을 찍어서 친구에게 보냈어요.
⑧ 그리고 서울에 왔어요.

37 동사 (으)시-

연습1 빈칸을 채우십시오.

	동사 으십니다	동사 으세요
많다	많으십니다	많으세요
좋다	좋으십니다	좋으세요
받다	받으십니다	받으세요
읽다	읽으십니다	읽으세요
★먹다	드십니다	드세요
★있다	계십니다	계세요

	동사 십니다	동사 세요
바쁘다	바쁘십니다	바쁘세요
친절하다	친절하십니다	친절하세요
가다	가십니다	가세요
오다	오십니다	오세요
★자다	주무십니다	주무세요
★마시다	드십니다	드세요

연습2 그림을 보고 〈보기〉와 같이 문장을 완성하십시오.

1) 가십니다
2) 하십니다
3) 보십니다
4) 찾으십니다

연습3 그림을 보고 〈보기〉와 같이 대화를 완성하십시오.

1) 사진을 찍으세요
2) 커피를 드세요/집에서 쉬세요
3) 방에 계세요/집에 계세요
4) 주무세요

모범 답안

연습4 그림을 보고 〈보기〉와 같이 이야기해 보십시오.

1) 가: 아버지께서 지금 뭐 하세요?
   나: 일하세요./일을 하세요.
2) 가: 어머니께서 지금 뭐 하세요?
   나: 청소하세요./청소를 하세요.
3) 가: 아버지께서 지금 뭐 하세요?
   나: 요리하세요./요리를 하세요.
4) 가: 어머니께서 지금 뭐 하세요?
   나: 주무세요.
5) 가: 선생님께서 지금 뭐 하세요?
   나: 전화하세요./전화를 하세요.

연습5 알맞은 것을 골라 글을 완성하십시오.

저희 아버지(는/께서는) 선생님이십니다. 학교에서 영어를 (가르칩니다/가르치십니다). 항상 (바쁩니다/바쁘십니다).

지난주에 아버지(가/께서) 한국에 (왔습니다/오셨습니다). 저는 공항에 가서 아버지를 만났습니다. 저하고 아버지는 공항 근처 식당에서 저녁을 (먹었습니다/드셨습니다). 아버지께서는 불고기를 (먹고/드시고) 저는 비빔밥을 먹었습니다. 아버지께서는 한국 음식을 아주 (좋아했습니다/좋아하셨습니다).

38 명사 에게(서)/한테(서)/께

연습1 문장을 완성하십시오.

1) 아내에게서 선물을 받았습니다
2) 여자 친구에게서 전화를 받았습니다
3) 동생에게서 고향 소식을 들었습니다
4) 나츠미에게서 책을 빌렸습니다
5) 김 선생님께 한국어를 배웠습니다

연습2 빈칸에 알맞은 것을 쓰십시오.

1) 에게서
2) 께
3) 에게서
4) 에게서
5) 에게서

연습3 알맞은 표현을 골라 문장을 완성하십시오.

1) 루카스가 이반에게서 메시지를 받았습니다
2) 나츠미가 지아에게서 휴대 전화를 빌렸습니다
3) 준서가 할머니께 용돈을 받았습니다
4) 수빈이 언니에게서 피아노를 배웠습니다
5) 김은영 선생님께서 학생들에게서 축하를 받았습니다

연습4 그림을 보고 대화를 완성하십시오.

1) 아내한테서 시계를 받고 싶어요
2) 한나한테서 들었어요
3) 준서한테서 빌렸어요
4) 레아한테서 배워요
5) 남자 친구한테서 받았어요

39 동사 (으)ㄹ 겁니다, 동사 (으)ㄹ 거예요

연습1 빈칸을 채우십시오.

	동사 을 겁니다	동사 을 거예요
먹다	먹을 겁니다	먹을 거예요
읽다	읽을 겁니다	읽을 거예요
찾다	찾을 겁니다	찾을 거예요
많다	많을 겁니다	많을 거예요
맛있다	맛있을 겁니다	맛있을 거예요
★맵다	매울 겁니다	매울 거예요

	동사 ㄹ 겁니다	동사 ㄹ 거예요
가다	갈 겁니다	갈 거예요
보다	볼 겁니다	볼 거예요
쓰다	쓸 겁니다	쓸 거예요
크다	클 겁니다	클 거예요
예쁘다	예쁠 겁니다	예쁠 거예요
깨끗하다	깨끗할 겁니다	깨끗할 거예요

연습2 〈보기〉와 같이 문장을 완성하십시오.

1) 오후에 책을 읽을 겁니다
2) 저녁에 김치찌개를 먹을 겁니다
3) 이번 주말에 여행을 갈 겁니다
4) 다음 주에 말하기 시험을 볼 겁니다
5) 내년에 가족들이 한국에 올 겁니다

연습3 그림을 보고 대화를 완성하십시오.

1) 친구하고 마트에 갈 거예요
2) 생일 파티를 할 거예요
3) 부산으로 여행을 갈 거예요
4) 자전거를 탈 거예요

연습4 〈보기〉와 같이 문장을 완성하십시오.

1) 길이 막힐 겁니다
2) 날씨가 좋을 겁니다
3) 농구를 잘할 겁니다
4) 가지 않을 겁니다
5) 시험을 잘 볼 겁니다

40 동작동사 (으)ㄹ까요?, 동작동사 (으)ㅂ시다

연습1 빈칸을 채우십시오.

	동작동사 을까요?		동작동사 ㄹ까요?
먹다	먹을까요?	가다	갈까요?
앉다	앉을까요?	보다	볼까요?
읽다	읽을까요?	치다	칠까요?
찍다	찍을까요?	만나다	만날까요?

	동작동사 읍시다		동작동사 ㅂ시다
먹다	먹읍시다	가다	갑시다
앉다	앉읍시다	보다	봅시다
읽다	읽읍시다	치다	칩시다
찍다	찍읍시다	만나다	만납시다

연습2 그림을 보고 대화를 완성하십시오.

1) 운동할까요
2) 앉을까요
3) 탁구를 칠까요/운동할까요
4) 영화를 볼까요

연습3 그림을 보고 대화를 완성하십시오.

1) 먹을까요
2) 갈까요
3) (도서관에서) 공부할까요/도서관에 갈까요
4) 찍읍시다
5) 만납시다

연습4 그림을 보고 〈보기〉와 같이 친구와 이야기해 보십시오.

1) 가: 같이 농구할까요?/운동할까요?
   나: 좋아요. 같이 농구합시다./운동합시다.
2) 가: 같이 쇼핑할까요?
   나: 좋아요. 같이 쇼핑합시다.
3) 가: 같이 김치찌개를 먹을까요?
   나: 좋아요. 같이 먹읍시다.
4) 가: 같이 제주도에 갈까요?
   나: 좋아요. 같이 갑시다.

41 못 동작동사, 동작동사 지 못하다

연습1 빈칸을 채우십시오.

	못 동작동사	동작동사 지 못합니다
가다	못 가요	가지 못합니다
먹다	못 먹어요	먹지 못합니다
마시다	못 마셔요	마시지 못합니다
올라가다	못 올라가요	올라가지 못합니다
운동하다	운동(을) 못 해요	운동하지 못합니다
전화하다	전화(를) 못 해요	전화하지 못합니다

연습2 〈보기〉와 같이 문장을 완성하십시오.

1) 못 사요
2) 못 봐요
3) 못 만나요
4) 못 해요
5) 못 합니다

연습3 그림을 보고 대화를 완성하십시오.

1) 못 먹었어요
2) 못 받았어요
3) 못 했어요
4) 못 썼어요

연습4 그림을 보고 〈보기〉와 같이 문장을 완성하십시오.

1) 사진을 찍지 못합니다
2) 음식을 먹지 못합니다
3) 자전거를 타지 못합니다
4) 쓰레기를 버리지 못합니다
5) 휴대 전화를 사용하지 못합니다

모범 답안

42 동작동사 겠- 1

연습1 빈칸을 채우십시오.

	동작동사 겠습니다		동작동사 겠어요
먹다	먹겠습니다	찾다	찾겠어요
앉다	앉겠습니다	만들다	만들겠어요
오다	오겠습니다	배우다	배우겠어요
일하다	일하겠습니다	기다리다	기다리겠어요
시작하다	시작하겠습니다	숙제하다	숙제하겠어요
일어나다	일어나겠습니다	질문하다	질문하겠어요

연습2 준서의 새해 결심입니다. 그림을 보고 문장을 완성하십시오.

1) 운동을 열심히 하겠습니다
2) 공부를 열심히 하겠습니다
3) 여자 친구를 사귀겠습니다
4) 일을 열심히 하겠습니다
5) 술을 마시지 않겠습니다

연습3 수업 시간에 선생님이 무슨 말씀을 하십니까? 〈보기〉와 같이 대화를 완성하십시오.

1) 9시까지 오겠습니다
2) 쉬는 시간에 먹겠습니다
3) 한국어 CD를 듣고 따라 하겠습니다
4) 다시 한번 연습하겠습니다

연습4 알맞은 단어를 골라 대화를 완성하십시오.

1) 주문하시겠습니까
2) 신청하시겠습니까
3) 예약하시겠습니까
4) 기다리시겠습니까
5) 보시겠습니까

43 ㄹ 탈락

연습1 빈칸을 채우십시오.

	동사 습/ㅂ니다	동사 (으)ㄹ 거예요
길다	깁니다	길 거예요
멀다	멉니다	멀 거예요
힘들다	힘듭니다	힘들 거예요
살다	삽니다	살 거예요
알다	압니다	알 거예요
만들다	만듭니다	만들 거예요

	동사 아/어요	동사 고
길다	길어요	길고
멀다	멀어요	멀고
힘들다	힘들어요	힘들고
살다	살아요	살고
알다	알아요	알고
만들다	만들어요	만들고

연습2 그림을 보고 알맞은 단어를 골라 문장을 완성하십시오.

1) 깁니다
2) 답니다
3) 웁니다
4) 좁니다
5) 붑니다
6) 엽니다

연습3 알맞은 단어를 골라 대화를 완성하십시오.

1) 삽니다
2) 놀까요
3) 팔아요
4) 만듭시다
5) 압니까

연습4 알맞은 단어를 골라 쓰십시오.

1)
- 가로: 조금 힘듭니다.
- 세로: 집이 멉니까?

2)
- 가로: 기숙사에 살아요.
- 세로: 한국어를 아세요?

3)
- 가로: 빵을 만듭니다.
- 세로: 쉬는 시간에 떠듭니다.

4)
- 가로: 케이크가 달고 맛있습니다.
- 세로: 레아는 머리가 길고 예쁩니다.

44 동작동사 (으)ㄹ 수 있다/없다

연습1 빈칸을 채우십시오.

	동작동사 을 수 있어요/없어요
먹다	먹을 수 있어요/없어요
읽다	읽을 수 있어요/없어요
잡다	잡을 수 있어요/없어요
찾다	찾을 수 있어요/없어요

	동작동사 ㄹ 수 있어요/없어요
사다	살 수 있어요/없어요
타다	탈 수 있어요/없어요
말하다	말할 수 있어요/없어요
★만들다	만들 수 있어요/없어요

연습2 알맞은 단어를 골라 〈보기〉와 같이 대화를 완성하십시오.

1) 갈 수 있어요
2) 출발할 수 있어요
3) 도착할 수 있어요
4) 볼 수 있어요
5) 만날 수 있어요

연습3 〈보기〉와 같이 문장을 완성하십시오.

1) 드라마를 볼 수 있습니다
2) 영화를 볼 수 있습니다
3) 여행을 갈 수 있습니다
4) 옷을 살 수 없습니다
5) 친구를 만날 수 없었습니다
6) 밥을 먹을 수 없었습니다

연습4 여러분은 한강공원에 가 봤습니까? 그림을 보고 〈보기〉와 같이 이야기해 보십시오.

1) 여기에서 조깅을 할 수 있어요.
2) 여기에서 운동을 할 수 있어요.
3) 여기에서 강아지하고 같이 산책을 할 수 있어요.
4) 여기에서 유람선을 탈 수 있어요.
5) 여기에서 술을 마실 수 없어요.
6) 여기에서 담배를 피울 수 없어요.

모범 답안

45 동사 아서/어서 2

연습1 〈보기〉와 같이 문장을 연결하십시오.

1) 영화가 슬퍼서 웁니다
2) 구두가 작아서 발이 아픕니다
3) 제 친구는 친절해서 인기가 많습니다
4) 부모님이 보고 싶어서 매일 전화합니다

연습2 〈보기〉와 같이 문장을 연결하십시오.

1) 어제 잠을 못 자서 피곤해요
2) 시험을 잘 봐서 기분이 좋아요
3) 약속 시간에 늦어서 택시를 탔습니다
4) 휴대 전화를 잃어버려서 전화를 못 했습니다

연습3 알맞은 단어를 골라 대화를 완성하십시오.

1) 따뜻해서
2) 없어서
3) 좁아서
4) 와서
5) 좋아해서
6) 바빠서

연습4 그림을 보고 대화를 완성하십시오.

1) 몸이 안 좋아서 약국에 가요
2) 아침에 늦게 일어나서 지각했어요
3) 감기에 걸려서 못 왔어요/
열이 나서 못 왔어요/
아파서 못 왔어요
4) 눈이 와서 못 가요/
날씨가 안 좋아서 안 가요
5) 가격이 비싸서 못 사요/
너무 비싸서 안 살 거예요

46 동작동사 지 말다

연습1 빈칸을 채우십시오.

	동작동사 지 마세요	동작동사 지 마십시오	동작동사 지 맙시다
가다	가지 마세요	가지 마십시오	가지 맙시다
먹다	먹지 마세요	먹지 마십시오	먹지 맙시다
떠들다	떠들지 마세요	떠들지 마십시오	떠들지 맙시다
노래하다	노래하지 마세요	노래하지 마십시오	노래하지 맙시다

연습2 그림을 보고 알맞은 표현을 골라 문장을 완성하십시오.

1) 사진을 찍지 마십시오
2) 담배를 피우지 마십시오
3) 수영을 하지 마십시오
4) 쓰레기를 버리지 마십시오

연습3 그림을 보고 대화를 완성하십시오.

1) 들어가지 마세요
2) 사용하지 마세요
3) 앉지 마세요
4) 늦지 마세요
5) 운전하지 마세요

연습4 알맞은 단어를 골라 대화를 완성하십시오.

1) 가지 맙시다
2) 먹지 맙시다
3) 전화하지 맙시다
4) 타지 맙시다
5) 청소하지 맙시다

연습5 여기는 지하철입니다. 이 사람들에게 무슨 말을 하고 싶습니까? 그림을 보고 〈보기〉와 같이 이야기해 보십시오.

1) 노약자석에 앉지 마세요.
2) 큰 소리로 음악을 듣지 마세요.
3) 음식을 먹지 마세요.
4) 큰 소리로 전화하지 마세요.
5) 문에 기대지 마세요.

47 동작동사 (으)ㄹ게요

연습1 빈칸을 채우십시오.

	동작동사 을게요		동작동사 ㄹ게요
먹다	먹을게요	가다	갈게요
읽다	읽을게요	마시다	마실게요
찾다	찾을게요	전화하다	전화할게요
자지 않다	자지 않을게요	준비하다	준비할게요
떠들지 않다	떠들지 않을게요	★만들다	만들게요

연습2 알맞은 단어를 골라 대화를 완성하십시오.

1) 드릴게요
2) 갈게요
3) 말할게요
4) 뛰지 않을게요
5) 마시지 않을게요

연습3 그림을 보고 대화를 완성하십시오.

1) 보낼게요
2) 살게요
3) 전화할게요
4) 끌게요
5) 떠들지 않을게요

48 동사 (으)니(까) 1

연습1 빈칸을 채우십시오.

	동사 으니까		동사 니까
많다	많으니까	예쁘다	예쁘니까
좋다	좋으니까	자다	자니까
재미있다	재미있으니까	공부하다	공부하니까
먹다	먹으니까	★맵다	매우니까
읽다	읽으니까	★불다	부니까

연습2 〈보기〉와 같이 문장을 연결하십시오.

1) 배가 고프니까 점심을 먹을까요
2) 날씨가 좋으니까 산책을 합시다
3) 음식이 뜨거우니까 천천히 드세요
4) 이 영화는 재미없으니까 보지 마세요
5) 저는 점심을 먹었으니까 혼자 드세요

연습3 그림을 보고 문장을 완성하십시오.

1) 아기가 자니까
2) 비싸니까
3) 날씨가 추우니까/눈이 오니까
4) 늦었으니까/약속 시간에 늦었으니까
5) 시험이 끝났으니까

연습4 〈보기〉와 같이 문장을 완성하십시오.

1) 바쁘니까/시간이 없으니까
2) 무서우니까/재미없으니까
3) 더우니까
4) 내일 시험을 보니까 다음에 가요
5) 오늘은 바쁘니까 내일 갑시다

49 동작동사 고 있다

연습1 그림을 보고 문장을 완성하십시오.

1) 마트에 가고 있습니다
2) 영화를 보고 있습니다
3) 책을 읽고 있습니다
4) 돈을 찾고 있습니다
5) 비가 오고 있습니다/내리고 있습니다

연습2 그림을 보고 문장을 완성하십시오.

1) 전화를 하고 계세요
2) 텔레비전을 보고 계세요
3) 청소하고 계세요
4) 음악을 듣고 계세요
5) 요리하고 계세요

연습3 그림을 보고 대화를 완성하십시오.

1) 먹고 있어요
2) 운동하고 있어요
3) 이메일을 보내고 있어요
4) 이야기하고 있어요
5) 기다리고 있어요, 가고 있어요

모범 답안

연습4 알맞은 단어를 골라 글을 완성하십시오.

1) 다니고 있습니다
2) 듣고 있습니다
3) 배우고 있습니다
4) 공부하고 있습니다

연습5 사람들이 무엇을 하고 있습니까? 그림을 보고 〈보기〉와 같이 이야기해 보십시오.

1) 남자가 피자를 만들고 있어요.
2) 여자가 이야기하고 있어요.
3) 여자가 콜라를 마시고 있어요.
4) 손님이 메뉴판을 보고 있어요.

50 명사 과/와

연습1 〈보기〉와 같이 문장을 완성하십시오.

1) 가방과 화장품을
2) 빵과 우유를
3) 강아지와 고양이가
4) 눈과 코가
5) 장민과 이반은

연습2 그림을 보고 〈보기〉와 같이 대화를 완성하십시오.

1) 비누와 수건이/수건과 비누가
2) 영어와 한국어를/한국어와 영어를
3) 커피와 녹차를/녹차와 커피를
4) 화요일과 수요일

연습3 〈보기〉와 같이 문장을 완성하십시오.

1) 선생님과/친구와
2) 여자 친구와/동생과
3) 흐엉과/한국 친구와
4) 언니와/반 친구들과
5) 동생과/강아지와

연습4 그림을 보고 글을 완성하십시오.

1) 이반과 같이/이반과 함께
2) 레아와 같이/레아와 함께
3) 김은영 선생님과 같이/김은영 선생님과 함께

문법 설명

1 명사 입니다, 명사 입니까?

학생입니다.	학생입니까?

'명사 입니다'는 명사에 붙어 그 명사가 서술어임을 나타낼 때 사용한다. 처음 만나는 자리에서 말할 때, 회의나 발표, 텔레비전 뉴스, 인터뷰 등 공식적인 자리에서 많이 사용한다. 질문을 할 때에는 '입니까?'를 사용한다. 명사의 받침 유무에 관계없이 '입니다', '입니까?'를 쓴다.

'noun 입니다' is attached to a noun and used to indicate that the noun is a predicate. It is usually used when meeting for the first time or in formal situations such as meetings, presentations, television news and interviews. The form '입니까?' is used to ask questions. '입니다' and '입니까?' are used regardless of whether the noun ends in a consonant or vowel.

또한 대학 진학, 회사 취업을 위한 자기 소개서 등을 쓸 때도 많이 사용한다.

It is also used frequently when writing self-introduction letters for college or employment.

'명사 입니다'는 '명사 이다'의 격식적인 활용형이다.

'noun 입니다' is the formal conjugated form of 'noun 이다'.

2 명사 은/는 1

형은 회사원입니다.	여기는 교실입니다.

'명사 은/는'은 명사에 붙어 문장 속에서 어떤 대상이 주제임을 나타낼 때 사용한다. 자기소개를 하거나 물건이나 장소 등을 소개할 때 많이 사용한다. 명사에 받침이 있으면 '은'을 쓰고 받침이 없으면 '는'을 쓴다.

'noun 은/는' is attached to a noun and used to indicate the topic in a sentence. It is often used to introduce oneself or to introduce things or places. '은' is used after a noun that ends in a consonant and '는' is used after a noun that ends in a vowel.

3 명사 이에요/예요

동생이에요.	오빠예요.

'명사 이에요/예요'는 명사에 붙어 서술어임을 나타낼 때 비격식적 대화에서 주로 사용한다. 명사에 받침이 있으면 '이에요'를 쓰고 받침이 없으면 '예요'를 쓴다.

'noun 이에요/예요' is attached to a noun and used to indicate a statement in an informal situation. When the preceding noun ends in a consonant, the form '이에요' is used. After a vowel-ending noun, the form '예요' is used.

사토 나츠미입니다.	레아 마르텡이에요.

처음 만나거나 예의를 차리는 격식 있는 자리에서는 '명사 입니다'를, 친밀하거나 비격식적인 자리에서는 '명사 이에요/예요'를 사용한다.

'noun 입니다' is used when meeting for the first time or a situation requiring courtesy, while 'noun 이에요/예요' is used in a friendly or informal setting.

4 명사 이/가

회사원이	여기가

'명사 이/가'는 명사에 붙어 그 명사가 문장의 주어임을 나타낼 때 사용한다. 명사에 받침이 있으면 '이'를 쓰고, 받침이 없으면 '가'를 쓴다.

'noun 이/가' is attached to a noun and used to indicate the subject of a sentence. When the noun ends in a consonant, '이' is used while '가' is used when the noun ends in a vowel.

가: 루카스가 반장이에요?

나: 아니요, 제가 반장이에요.

'저, 나, 너'와 같이 쓸 때는 '제가, 내가, 네가'로 쓰며, '누구'와 '가'가 함께 쓰이면 '누가'로 쓴다.

When connected with '저, 나, 너', the form changes to '제가, 내가, 네가'. When '누구' and '가' is used together, the form changes to '누가'.

5 명사 의

친구의 이름	저의(제) 책

'명사 의'는 명사에 붙어 명사와 명사를 연결하여 하나의 명사구를 만든다. 앞의 명사가 뒤의 명사를 수식하는데 앞과 뒤의 명사 사이에 소유, 소속, 소재 등의 의미 관계가 있음을 나타낼 때 사용한다. 명사의 받침 유무에 관계없이 '의'를 사용한다.

'noun 의' is used to connect nouns to form a noun phrase. The preceding word is used to modify the following word to indicate the meaning of ownership, belonging, material, etc. The form '의' is used regardless of whether the noun ends in a consonant or vowel.

가: 이름이 무엇입니까?

나: 제 이름은 장민입니다.

'저'에 '의'가 붙은 '저의'는 줄여서 '제'로, '나의'는 '내'로, '너의'는 '네'로 쓴다.

If '의' comes after '저', it changes to '제'. '나의' changes to '내' and '너의' changes to '네'.

누구의 책입니까? → 누구 책입니까?

경희대학교 국제교육원의 학생

의문사 뒤의 '의'는 사용하지 않는 것이 자연스러우며, 쓰기에서 명사가 길게 연결될 때는 명사구 마지막에 한 번만 쓰는 것이 자연스럽다.

It is natural to omit the '의' after a question form. In the written format, it is natural to use only once at the end of the noun phrase when a long list of nouns are connected.

6 명사 이/가 아니다

학생이 아닙니다.	친구가 아닙니다.

'명사 이/가 아니다'는 명사에 붙어 '이다'의 부정 표현으로 사용한다. 명사에 받침이 있으면 '이 아니다'를 쓰고, 받침이 없으면 '가 아니다'를 쓴다.

'noun 이/가 아니다' is attached to a noun and used as the negative form of '이다'. The form '이 아니다' is used for nouns ending with a consonant, while '가 아니다' is used for nouns ending with a vowel.

7 동사 습니다/ㅂ니다, 동사 습니까?/ㅂ니까?

한국 친구가 많습니다.	한국 친구가 많습니까?

'동사 습니다/ㅂ니다'는 동사에 붙어 현재의 동작이나 상태를 정중하게 나타낼 때 사용한다. 일반적으로 회의나 발표, 텔레비전 뉴스, 인터뷰 등 공식적인 말하기 자리에서 많이 사용한다. 동사에 받침이 있으면 '-습니다'를 쓰고, 받침이 없으면 '-ㅂ니다'를 쓴다.

질문을 할 때에는 '-습니까?/-ㅂ니까?'를 사용한다. 동사에 받침이 있으면 '-습니까?', 받침이 없으면 '-ㅂ니까?'를 쓴다.

'verb 습니다/-ㅂ니다' is attached to a verb and used to indicate a polite expression of the present action or condition. It is commonly used in official situations such as meetings, announcements, television news, and interviews. '-습니다' is used for verbs that end in a consonant and '-ㅂ니다' is used for verbs that end in a vowel.

When asking questions the form '-습니까?/-ㅂ니까?' is used. '-습니까?' is used for verbs that end in a consonant and '-ㅂ니까?' is used for verbs that end in a vowel.

8 명사 을/를

밥을 먹어요.	자전거를 타요.

'명사 을/를'은 명사에 붙어 동작동사가 있는 문장에서 그 명사가 목적어임을 나타낸다. 명사에 받침이 있으면 '을'을 쓰고 받침이 없으면 '를'을 쓴다.

'noun 을/를' is attached to a noun and used to indicate that the noun is an object in a sentence with an action verb. If the noun ends with a consonant, the form '을' is used while '를' is used if it ends with a vowel.

9 이/그/저 명사

이 사람	그 가방	저 책

'이/그/저 명사'는 명사 앞에 붙어 그 명사를 지시할 때 사용한다. '이 명사'는 말하는 사람에게 가까이 있는 대상을 가리킬 때 사용하고, '그 명사'는 듣는 사람에게 가까이 있는 대상을 가리킬 때, '저 명사'는 말하는 사람과 듣는 사람에게서 멀리 떨어져 있는 대상을 가리킬 때 사용한다.

'이/그/저 noun' is used to indicate a noun. '이 noun' is used to point to an object near the speaker. '그 noun' is intended to point to the object near the listener, and '저 noun' is used to refer to objects far away from both the speaker and the listener.

사물의 경우에는 말하는 사람 가까이에 있는 대상은 '이것', 듣는 사람 가까이에 있는 대상은 '그것', 말하는 사람과 듣는 사람에게서 모두 멀리 떨어져 있는 대상은 '저것'으로 쓸 수 있다. 장소의 경우에도 말하는 사람 가까이에 있는 장소는 '여기', 듣는 사람 가까이에 있는 장소는 '거기', 말하는 사람과 듣는 사람에게서 모두 멀리 떨어져 있는 장소는 '저기'로 쓸 수 있다.

In the case of an object, objects near the speaker use the form '이것', while objects near to the listener use the form '그것', and objects that are far away from both the speaker and the listener use the form '저것'. In the case of places near the speaker, '여기' can be used, while '거기' is used to indicate the place near the listener, and the place far away from both the speaker and the listener can be used as '저기'.

가: 그 반지는 뭐예요?

나: 이 반지는 제 결혼반지예요.

'이/그/저 명사'는 명사를 지시하는 말인데 말하는 사람과 듣는 사람의 거리에 따라서 응답이 달라질 수 있다. 예를 들어 옆 사람의 물건에 대해 질문할 때 '그 명사'로 이야기하지만, 질문을 듣고 대답하는 사람은 자신의 물건이기 때문에 '이 명사'로 대답한다.

'이/그/저 noun' may indicate the noun and the response may change depending on the distance between the speaker and the listener. For example, when you ask someone about something next to them, you say '그 noun', but the person who listens to the question answers with '이 noun' because it is his or her own object.

또한 '그 명사'는 앞에서 이야기한 대상을 다시 지시할 때도 사용된다.

Also, '그 noun' is used to refer to the object mentioned earlier.

10 한자어 수

전화번호는 961-0081입니다. | **저는 2018년에 한국에 왔습니다.** | **이 바지는 삼만 사천 원이에요.**

한국어에서 숫자를 읽는 방법은 두 가지가 있다. 한자어 수는 한자로 숫자를 읽는 방법으로 주로 전화번호, 날짜, 가격, 시간의 분, 방 번호, 건물의 층수 등을 나타낼 때 사용한다.

There are two ways of reading numbers in Korean. Sino-Korean numbers based on Chinese characters are used for telephone numbers, dates, prices, minutes of time, room numbers, floors of buildings etc.

그리고 '0'은 두 가지로 읽을 수 있다. 전화번호를 읽을 때는 '공'으로 읽고 운동 경기에서 점수를 말할 때와 산수를 할 때 '영'으로 읽는다.

And '0' can be read in two ways. When reading a phone number, you read it as '공'. When talking about the difference in scores within sports or doing math, it is read as '영'.

문법 설명

11 고유어 수

하나, 둘, 셋!	스물하나, 스물둘, 스물셋 …
지금은 여섯 시입니다.	제 동생은 열여덟 살입니다.

한국어에서 숫자를 읽는 방법은 두 가지가 있다. 고유어 수는 한국어 고유어로 숫자를 읽는 방법으로 주로 사람이나 물건, 행위의 횟수 등을 셀 때 사용한다. 그리고 시간을 읽을 때와 나이를 셀 때도 고유어 수로 읽는다.

There are two ways to read numbers in Korean. Native Korean numbers are the Korean numbering system for counting people or things, or the number of acts. And when you read time and count age, you read it with native Korean numbers.

13:00~24:00까지의 시간은 보통 '오후 한 시', '저녁 일곱 시', '밤 열 시' 등으로 말하지만 정확한 시간을 가리켜야 하는 상황이나 장소에서는 '십삼 시, 십사 시 …' 또는 '열세 시, 열네 시 …' 등으로 말하기도 한다. 주로 군대에서 시간을 말할 때, 기차역에서 열차의 출발·도착 시간 등을 말할 때 사용한다.

- 17:00 → 십칠 시
- 16:30 → 열여섯 시 삼십 분

The time between 13:00 and 24:00 is usually referred to as 'one o'clock in the afternoon (오후 한 시)', 'seven in the evening (저녁 일곱 시)' and 'ten o'clock in the evening (밤 열 시)', but in situations or places where the exact time should be indicated, '십삼 시(13:00), 십사 시(14:00) ...' or '열세 시(13:00), 열네 시(14:00) ...' is also used. It is usually used to talk about time in the military or the time of departure and arrival of trains at train stations.

12 동사 아요/어요

날씨가 좋아요.	밥을 먹어요.	한국어를 공부해요?

'동사 아요/어요'는 동사에 붙어 말하는 사람이 어떤 사실을 서술하거나 질문할 때 사용한다. 주로 비격식적이고 친밀한 상황에서 말한다. 동사에 'ㅏ, ㅗ' 모음이 있으면 '-아요'를 사용하고 'ㅏ, ㅗ' 모음이 아닌 다른 모음이 있으면 '-어요'를 사용한다. '하다'가 있는 동사 뒤에는 '해요'를 사용한다.

'verb 아요/어요' is attached to a verb to describe a fact or to indicate a question. It is used in an informal and intimate situation. '-아요' is used after 'ㅏ' and 'ㅗ' vowels, and '-어요' is used if there are vowels other than 'ㅏ' and 'ㅗ'. Use '해요' after verbs with '하다'.

이반이 지금 가요.

동사가 모음 'ㅏ, ㅗ'로 끝나면 축약된다.

When the verb ends with vowels 'ㅏ' and 'ㅗ', it is abbreviated.

우유를 마셔요.
기차가 서요.
편지를 보내요.

동사가 모음 'ㅣ', 'ㅗ', 'ㅜ', 'ㅐ'로 끝나면 축약된다.

When the verb ends with vowels 'ㅣ', 'ㅗ', 'ㅜ' and 'ㅐ', it is also abbreviated.

저는 기숙사에 살아요.
나츠미 씨, 오늘 같이 밥 먹어요.
레아 씨, 숙제하세요.

'동사 아/어요'는 명령, 청유를 나타낼 때도 사용할 수 있는데 말을 끝낼 때의 어조가 달라진다.

'verb 아/어요' can also be used to indicate an order or suggestion, but the tone at the end of the speech changes.

13 명사 에

약국이 병원 앞에 있어요.	학교에 가요.

'명사 에'는 명사에 붙어 사람이나 사물이 존재하는 장소를 나타낼 때 사용한다. 주로 '있다(계시다), 없다(안 계시다), 살다'와 같은 동사와 함께 사용한다. 명사의 받침 유무에 관계없이 '에'를 쓴다.

'noun 에' is attached to a noun and refers to a place where a person or thing exists. It is usually used in conjunction with verbs such as '있다(계시다), 없다(안 계시다), 살다'. '에' is used regardless of whether the noun ends in a consonant or vowel.

'명사 에'는 동작의 목적지를 나타낼 수도 있는데 이 경우에는 주로 '가다, 오다, 다니다'와 같은 동사와 함께 사용한다.

'noun 에' may also indicate the destination of the action, in which case it is commonly used with verbs such as '가다, 오다, and 다니다'.

14 명사 하고

저는 사과하고 바나나를 좋아해요.	마트에서 휴지하고 치약을 사요.

'명사 하고'는 명사에 붙어 여러 사물이나 사람을 연결할 때 사용한다. 명사의 받침 유무에 관계없이 '하고'를 쓴다. 주로 구어에서 사용한다.

'noun 하고' is attached to a noun and used to indicate the connection of several objects or persons. '하고' is used regardless of whether the noun ends with a consonant or vowel. It is mainly used in spoken language.

방학에 친구하고 여행을 가요.
방학에 친구하고 같이 여행을 가요.

'명사 하고'는 어떤 행위나 동작을 함께 하는 대상임을 나타낼 때도 사용한다. 이때 '명사 하고 같이'의 형태로 사용되는데 '하고' 뒤에 오는 '같이'는 생략이 가능하다.

'noun 하고' is used to indicate that a person is subject to an action being shared using the form 'noun 하고 같이'. It is possible to omit the '같이'.

15 단위 명사

학생이 한 명 있어요.	사과 두 개에 3,000원이에요.

물건이나 사람을 셀 때 숫자 뒤에 단위 명사를 붙여 사용한다. 세어야 하는 대상에 따라 다른 명사를 사용하는데 물건을 셀 때는 일반적으로 '개'를 사용한다. 사람은 '명', 그리고 나이가 많은 사람은 '분'을 사용한다. 동물은 '마리'를 사용하고 책, 잡지 등을 셀 때는 '권', 종이나 표를 셀 때는 '장'을 사용한다. 그 외에 음료수를 셀 때 '병'이나 '잔', 양말과 신발을 셀 때 '켤레', 전자제품 등을 셀 때 '대'를 쓴다.

Nouns for units are used after numbers when counting objects or people. Depending on the object, '개' is usually used for counting things, whereas '명, 분' is used for people. For animals, '마리' is used. In addition, '권' is used for counting books and '장' is for counting paper or tickets. A variety of other nouns can be used such as '병' or '잔' for counting beverages, '켤레' for socks or shoes, and '대' for electronic products.

16 ㅂ 불규칙

김치찌개가 매워요.	오늘은 날씨가 덥습니다.

'ㅂ 불규칙'은 'ㅂ' 받침이 있는 동사 뒤에 모음으로 시작하는 어미가 오면 받침 'ㅂ'이 '오'나 '우'로 바뀌는 현상을 말한다. 그러나 '입다, 잡다, 뽑다, 좁다' 등은 모음으로 시작하는 어미가 와도 'ㅂ'이 '오'나 '우'로 바뀌지 않는다.

'ㅂ irregular verb' is a phenomenon in which 'ㅂ' changes to '오' or '우' when the verb stem ending in 'ㅂ' is followed by a vowel. However, for some verbs like '입다, 잡다, 뽑다, 좁다' the 'ㅂ' does not change to '오' or '우' even when followed by a vowel.

나츠미가 할머니를 도와줘요.

'ㅂ 불규칙' 중 '돕다'의 경우 '도와요'로 쓰일 때보다 '도와주다', '도와 드리다'의 형태로 더 많이 사용된다.

In the case of '돕다' as a 'ㅂ irregular verb', '도와주다' or '도와 드리다' is more often used than the form '도와요'.

17 명사 은/는 2

서울은 맑습니다. 부산은 흐립니다.	교실에는 텔레비전이 있습니다. 제 방에는 텔레비전이 없습니다.

'명사 은/는'은 명사에 붙어 둘 이상을 대조하여 각각을 말할 때, 행위나 상황 자체를 강조할 때 사용한다. 명사에 받침이 있으면 '은'을 쓰고, 받침이 없으면 '는'을 쓴다. 장소를 나타내는 '에', '에서'와 붙어 '에는', '에서는'으로 사용할 수도 있다.

'noun 은/는' is attached to a noun and used to emphasize an action or situation itself when referring to two or more words in contrast. In the form of '은/는', '은' is used if the noun ends in a consonant, and '는' is used if the noun ends in a vowel. It can also be used as '에는' and '에서는' to indicate a location.

18 안 동사, 동사 지 않다

머리가 안 아파요.	오늘은 학교에 가지 않습니다.

'안 동사', '동사 지 않다'는 동사에 붙어 단순하게 어떤 동작 및 상태를 부정하거나 그 동작을 할 의지가 없음을 나타낼 때 사용한다. '안', '-지 않다'는 서로 바꿔 쓸 수 있으나 '안'은 구어에서, '-지 않다'는 문어에서 많이 사용한다.

문법 설명

'안 verb' and 'verb지 않다' are expressions of simple negation of an action or condition, or indicates unwillingness to perform any action. '안' and '-지 않다' can be used interchangeably. '안' is used in spoken contexts, whereas '-지 않다' is used in written contexts.

가: 비가 와요. 우산 있어요?
나: 아니요, 없어요.

가: 한나 씨 전화번호를 알아요?
나: 글쎄요. 저도 몰라요.

'있다/없다', '알다/모르다'와 같이 부정어가 따로 있는 경우 '안', '-지 않다'를 사용하지 않는다. 또한 '재미있다', '맛있다' 같은 상태동사의 경우 '재미없다', '맛없다'를 사용해서 이야기한다.

Do not use '안', '-지 않다' when there is the negative form such as '있다/없다' or '알다/모르다'. Also, in the case of state verbs such as '재미있다', '맛있다', '재미없다', '맛없다' can be used.

가: 이 가방 비싸요?
나: 아니요, 싸요.

가: 오늘 영화관에 사람이 많아요?
나: 아니요, 적어요.

'안/-지 않다'를 사용하지 않고 반의어를 사용하여 부정하는 경우도 있다. 예를 들어 '많다'는 '적다', '비싸다'는 '싸다', '좋아하다'는 '싫어하다'로, 반의어가 있는 단어는 반의어를 사용하여 부정할 수 있다.

Sometimes negation is possible through antonyms instead of using '안/-지 않다'. For example, words that have antonyms like '많다' and '적다', '비싸다' and '싸다', '좋아하다' and '싫어하다' can be used for negation using the antonym form.

19 명사 에서

동생이 집에서 텔레비전을 봐요. | **저는 여행사에서 일합니다.**

'명사 에서'는 명사에 붙어 어떤 행위나 동작이 이루어지고 있는 장소를 나타낼 때 사용한다. 명사의 받침 유무에 관계없이 '에서'로 쓴다.

'noun에서' is used to indicate the place where an action is occurring. '에서' is used regardless of the noun ending in a consonant or vowel.

20 동사 고 1

저는 책을 읽고 동생은 음악을 들어요.

'동사 고'는 동사에 붙어 두 가지 이상의 대등한 사실을 나열할 때 사용한다. 시간의 순서와 관계없이 두 가지 이상의 사실이나 내용을 대등하게 연결할 때 쓴다. 앞 문장과 뒤 문장의 주어가 다를 때 앞 문장의 동사에 '-고'를 붙여서 두 문장을 연결한다. 동사의 받침 유무에 관계없이 '-고'를 쓴다.

'verb 고' is attached to a verb and used to list two or more equivalents. It is used to connect two or more facts or contents equally regardless of the order of time. When the subject of the previous sentence is different from the subject of the backside sentence, connect the two sentences with the '-고' after the verb in the previous sentence. Use '-고' regardless of whether the verb ends in a consonant or vowel.

학교가 넓고 (학교가) 깨끗해요.

앞·뒤 문장의 주어가 같으면 뒤 문장의 주어는 주로 생략한다.

If the subject of the initial and following sentences are the same, the subject of the following sentence is mainly omitted.

루카스는 학생이고 첸은 회사원이에요.

앞 문장이 명사로 끝나면 '명사 (이)고'를 쓴다. 명사에 받침이 있으면 '이고'를 쓰고 받침이 없으면 주로 '고'를 쓴다.

If the previous sentence ends with a noun, use 'noun (이)고'. However, if the noun ends with a consonant, '이고' is used while the form '고' is used when the noun ends with the vowel.

21 명사 에 2

5월 1일에 중간시험을 봐요. | **오늘 친구를 만나요.**

'명사 에'는 명사에 붙어 어떤 동작이나 행위, 상태가 일어나는 시간이나 때를 나타낼 때 사용한다. 명사의 받침 유무에 관계없이 '에'를 사용한다. '그저께, 어제, 오늘, 내일, 모레, 매일, 언제, 지금' 등에는 '에'가 결합할 수 없다. 또한 두 개 이상의 시간 명사가 나오면 '에'는 마지막 명사 뒤에 한 번만 쓴다.

'noun 에' is attached to a noun and used to indicate when an action or condition occurs. '에' is used regardless of whether the noun ends in a vowel or a consonant. '에' cannot be combined with '그저께, 어제, 오늘, 내일, 모레, 매일, 언제 and 지금'. If two or more time nouns are mentioned, '에' is used only once after the last noun.

문법 설명

22 명사 도

장민은 농구를 좋아합니다. 루카스도 농구를 좋아합니다. | 흐엉은 옷을 삽니다. 그리고 가방도 삽니다.

'명사 도'는 명사에 붙어 이미 있는 어떤 것에 다른 것을 더하거나 포함할 때 사용한다. 명사의 받침 유무에 관계없이 '도'를 쓴다. 그리고 문장의 주어와 목적어를 나타내는 '명사 이/가', '명사 은/는', '명사 을/를'에 더하여 포함된 것을 강조할 때 '이/가', '은/는', '을/를'은 '도'로 교체하여 사용한다. 또한 '도'는 특정한 장소나 위치, 시간을 나타낼 때 '명사 에도', '명사 에서도'로 결합하여 사용할 수 있다.

'noun 도' is attached to a noun and used to indicate the addition or inclusion of something already present. '도' is used regardless of the noun ending in a consonant or vowel. In addition, the forms 'noun 이/가', 'noun 은/는' and 'noun 을/를' indicate the subject and the object of the sentence, and '이/가', '은/는', '을/를' can be replaced with '도' in addition to highlighting what is included. '도' may be used in combination with 'noun 에도', 'noun 에서도' to indicate a particular place, position or time.

23 동사 았/었-

의자에 앉았어요. | 한국어 책을 읽었어요. | 운동장에서 축구를 했어요.

'동사 았/었-'은 동사에 붙어 과거를 나타낼 때 사용한다. 동사에 'ㅏ', 'ㅗ' 모음이 있으면 '-았-'을 사용하고 'ㅏ', 'ㅗ' 모음이 아닌 다른 모음이 있으면 '-었-'을 사용한다. '하다'가 있는 동사 뒤에는 '했다'를 사용한다.

부정 표현은 '안 동사 았/었다' 또는 '동사 지 않았다'의 형태로 쓴다. '하다'로 끝나는 동작동사의 경우 '명사 하다'는 '명사 을/를 안 했다' 또는 '명사 하지 않았다'로 쓴다.

'verb 았/었-' is attached to verbs indicating the past tense. When the preceding verb ends in the vowel 'ㅏ, ㅗ', the form '-았-' is used. After other vowel-endings, '-었-' is used. In the case of verbs with '하다', the form '했다' is used.

Negation is used with '안 verb 았/었다' or 'verb 지 않았다'. In the case of action verbs ending with '하다', 'noun 하다' is written as 'noun 을/를 안 했다' or 'noun 하지 않았다'.

24 동작동사 고 2

손을 씻고 요리를 해요. | 수업이 끝나고 친구를 만났어요.

'동작동사 고'는 동작동사에 붙어 앞의 내용과 뒤의 내용이 시간 순서대로 일어난 것임을 나타낼 때 사용한다. 동작동사의 받침 유무에 관계없이 '-고'를 쓴다. '-고'는 앞에 오는 동작동사에 '-았/었-'과 같은 시제 표현이 오지 않으며 앞 문장과 뒤 문장의 주어가 같다.

'[action verb]고' is an expression used to indicate that the previous and following content occurred in order. '-고' is used regardless of whether the action verb ending in a consonant or vowel. Tense markers such as '-았/었-' cannot be attached to this function of '-고', and the subject of the preceding and following clause is the same.

25 동작동사 고 싶다

생일에 모자를 받고 싶어요.	저는 영화를 보고 싶었어요.

'동작동사 고 싶다'는 동작동사에 붙어 화자의 희망을 나타낼 때 사용한다. 동작동사의 받침 유무에 관계없이 '-고 싶다'를 쓴다. 청자의 희망을 질문할 때는 의문형을 사용한다. 말하기에서는 주로 주어를 생략하여 사용한다.

부정문은 '안 -고 싶다', '-고 싶지 않다'로 쓰고, 과거 시제를 나타내려면 '-고 싶다'에 '-었-'을 붙여 '-고 싶었다'로 쓴다.

'[action verb]고 싶다' is used to express the speaker's hope. '-고 싶다' is used regardless of whether the action verb ends in a consonant or vowel. When inquiring about the hope of the listener, the question form is used. In the spoken context, the subject is usually omitted.

The negatives are written as '안 -고 싶다' and '-고 싶지 않다', and '-었-' is attached to '-고 싶다' to form '-고 싶었다' to indicate the past tense.

26 동작동사 고 싶어 하다

한나는 여행을 가고 싶어 해요.	루카스는 태권도를 배우고 싶어 했어요.

'동작동사 고 싶어 하다'는 동작동사에 붙어 화자가 아닌 다른 사람의 희망을 나타낼 때 사용한다. 동작동사의 받침 유무에 관계없이 '-고 싶어 하다'를 쓴다.

부정문은 '안 -고 싶어 하다', '-고 싶어 하지 않다'로 쓰고, 과거 시제를 나타내려면 '-고 싶어 하다'에 '-었-'을 붙여 '-고 싶어 했다'로 쓴다.

'[action verb]고 싶어 하다' is attached to an action verb to express the wishes of someone other than the speaker. '-고 싶어 하다' is used regardless of whether the action verb ends with a consonant or vowel.

Negation is used with '안 -고 싶어 하다' or '-고 싶어 하지 않다'. For the past tense, '-고 싶어 하다' is attached to '-었-' and forms '-고 싶어 했다'.

27 동작동사 (으)세요, 동작동사 (으)십시오

잠깐만 기다리세요.	맛있게 드세요.
똑바로 가십시오.	안녕히 주무십시오.

'동작동사 (으)세요, 동작동사 (으)십시오'는 동작동사에 붙어 다른 사람에게 어떠한 행동을 할 것을 정중하게 명령하거나 요청할 때 사용한다. 동작동사에 받침이 있으면 '–으세요, –으십시오'를 쓰고 받침이 없으면 '–세요, –십시오'를 쓴다. '–(으)세요'는 주로 비격식적인 상황, '–(으)십시오'는 격식적인 상황에서 사용한다. '–(으)세요, –(으)십시오' 앞에 오는 동작동사 '먹다, 마시다'는 '드시다', '자다'는 '주무시다', '있다'는 '계시다' 등의 높임 표현으로 바꾸어 사용한다.

'action verb (으)세요, action verb (으)십시오' is used to politely give an order or request someone to take action. '–으세요, –으십시오' is used for verbs that end in a consonant and '–세요, –십시오' is used for verbs that end in a vowel. '–(으)세요' is used mainly in informal situations and '–(으)십시오' is used in formal situations. Some action verbs have their honorific polite forms: '드시다' for '먹다' or '마시다', '주무시다' for '자다' and '계시다' for '있다'.

28 명사 (으)로 1

은행은 저쪽에 있어요. 저쪽으로 가세요.	교실로 오세요.

'명사 (으)로'는 명사에 붙어 향하는 목적지 또는 움직임의 방향을 나타낸다. 명사에 받침이 있으면 '으로'를 쓰고, 받침이 없거나 'ㄹ'로 끝나면 '로'를 쓴다. 주로 '가다, 오다, 올라가다, 내려가다, 나오다 …'와 같은 이동동사와 함께 쓰인다.

'noun (으)로' is attached to a noun and used to indicate a destination or direction of movement. '으로' is used after a noun ending in a consonant while '로' is used after a noun ending in a vowel or the consonant 'ㄹ'. '(으)로' is usually used with verbs indicating movement such as '가다', '오다', '올라가다', '내려가다', '나오다'.

29 명사 에게/한테/께

장민에게 선물을 줘요.	나츠미한테 꽃을 줍니다.	아버지께 전화를 드려요.

'명사 에게/한테/께'는 사람이나 동물을 나타내는 명사에 붙어 행위의 영향을 받는 대상임을 나타낸다. 뒤에는 주로 '주다, 가르치다, 보내다, 전화하다, 말하다, 선물하다' 등의 동사가 온다. '에게'는 말할 때나 글을 쓸 때 모두 사용하며 '한테'는 주로 말할 때 쓴다. '께'는 '에게'의 높임 표현으로 말할 때나 글을 쓸 때 모두 쓰며 '주다'의 높임 표현인 '드리다'와 함께 사용한다. 명사의 받침 유무에 관계없이 '에게/한테/께'를 쓴다.

'noun 에게/한테/께' is attached to a noun and used to indicate the object of an action that is affected by a person or animal. Usually verbs such as '주다, 가르치다, 보내다, 전화하다, 말하다, 선물하다' comes afterwards. The form '에게' is used both when speaking and writing, while '한테' is mainly used when speaking. '께' is the honorific expression of '에게' and used both when speaking or writing, and used in conjunction with '드리다' which is the honorific form of '주다'. '에게/한테/께' is used regardless of whether the noun ends with a vowel or consonant.

'저에게, 나에게, 너에게' 등은 '제게, 내게, 네게' 등으로 줄여 쓸 수 있다. '제게, 내게, 네게' 등은 주로 구어에서 사용한다.

The form '저에게, 나에게, 너에게' can be shortened as '제게, 내게, 네게'. The form '제게, 내게, 네게' are mainly used in the spoken context.

30 으 탈락

머리가 너무 아파요.	가방이 정말 예뻐요.

'으 탈락'은 모음 'ㅡ'로 끝나는 동사 뒤에 '아/어'로 시작하는 어미가 붙으면 'ㅡ'가 탈락하는 현상을 말한다. 'ㅡ'가 탈락한 후, 'ㅡ' 앞의 모음이 'ㅏ, ㅗ'로 끝나면 '–아요'를 쓰고, 'ㅏ, ㅗ'로 끝나지 않으면 '–어요'를 쓴다.

'으 ommission' occurs when the verb stem ending with 'ㅡ' connects with '아/어'. The 'ㅡ' is omitted without exception. After the 'ㅡ' is omitted, the form '–아요' is used if the verb ends with 'ㅏ, ㅗ', while '–어요' is used if the verb does not end with 'ㅏ, ㅗ'.

31 동사 지만

이 옷은 예쁘지만 너무 비싸요.	여름은 덥지만 겨울은 추워요.

'동사 지만'은 동사에 붙어 앞 문장과 뒤 문장이 서로 반대될 때 사용한다. 동사의 받침 유무에 관계없이 '–지만'을 쓴다. 명사 뒤에는 '(이)지만'을 쓴다. 과거 시제를 나타내려면 '–지만'에 '–았/었–'을 붙여 '–았/었지만'으로 쓴다. 앞 문장과 뒤 문장의 주어가 같거나 다를 경우에도 연결하여 사용할 수 있다.

'verb 지만' is attached to a verb and used when the preceding and following sentences are opposed to each other. '–지만' is used regardless of whether the verb ends in a consonant or not. After nouns, '(이)지만' is used. To indicate a past tense, '–았/었–' is attached to '–지만' and form '–았/었지만'. It may be used in conjunction when the subject of the preceding and subsequent sentences are the same or different.

문법 설명

32 명사 보다

나츠미가 한나보다 머리가 길어요. | 저는 수박보다 딸기를 더 좋아해요.

'명사 보다'는 명사에 붙어 비교의 기준이 되는 대상임을 나타낸다. 명사의 받침 유무에 관계없이 '보다'를 쓴다.

'noun 보다' follows the noun that sets up the standard of comparison. '보다' is used after both consonant-ending and vowel-ending nouns.

33 명사 만

저는 지금 집에 없어요. 형만 있어요. | 지아는 치마만 샀어요. 신발은 사지 않았어요.

'명사 만'은 명사에 붙어 다른 것은 제외하고 어느 것을 한정함을 나타낼 때 사용한다. 명사의 받침 유무에 관계없이 '만'을 쓴다. 그리고 문장의 주어와 목적어을 나타내는 '명사 이/가', '명사 은/는', '명사 을/를'을 한정하여 강조할 때 '이/가', '은/는', '을/를'은 '만'으로 교체하여 사용한다. 또한 시간과 장소를 나타내는 '명사 에'와 장소를 나타내는 '명사 에서'는 '명사 에만', '명사 에서만'으로 사용할 수 있다.

'noun 만' is attached to a noun and used to indicate 'only' and to limit something from another. '만' is used regardless of the noun ending in a consonant or vowel. In addition, 'noun 이/가', 'noun 은/는' and 'noun 을/를', which indicate the subject and the object of the sentence are replaced with '만'. In addition 'noun 에' representing time and place and 'noun 에서' representing place can only be used as 'noun 에만' and 'noun 에서만'.

34 명사 (으)로 2

휴대폰으로 이메일을 보내요. | 지하철로 1시간 걸려요.

'명사 (으)로'는 명사에 붙어 수단이나 방법을 나타낼 때 쓴다. 명사에 받침이 있으면 '으로'를 쓰고, 받침이 없거나 'ㄹ'로 끝나면 '로'를 쓴다.

'noun (으)로' is used to indicate means or a method with which an action is performed. When the preceding noun ends in a consonant, the form '으로' is used. After a vowel-ending noun or a noun ending in 'ㄹ', the form '로' is used.

35 명사 에서 명사 까지, 명사 부터 명사 까지

인천에서 베이징까지 비행기로 두 시간 걸려요.	6월부터 8월까지 방학이에요.

'명사 에서 명사 까지'는 명사에 붙어 어떤 행위의 출발점과 도착점을 나타낼 때 사용한다. 명사의 받침 유무에 관계없이 사용한다. 출발점만 나타낼 때에는 '에서', 도착점만 나타낼 때에는 '까지' 하나만 사용할 수도 있다.

'명사 부터 명사 까지'는 어떤 일의 시작과 끝을 나타낼 때 사용한다. 시작만 나타낼 때에는 '부터', 끝만 나타낼 때에는 '까지' 하나만 사용하기도 한다.

'noun 에서 noun 까지' is attached to a noun and used to indicate the starting and arrival points of an event. Use 'noun 에서 noun 까지' regardless of whether the noun ends in a consonant or vowel. Only one '에서' may be used to indicate only the starting point and one '까지' to the arrival point.
'noun 부터 noun 까지' is used to indicate the beginning and end of something. Only one '부터' is used for the beginning and one '까지' for the end.

태권도 수업은 오전 9시부터 11시까지이다.

'이다'를 붙여서 '명사 에서 명사 까지이다'와 '명사 부터 명사 까지이다'로 쓸 수 있다.

'noun 에서 noun 까지이다' and 'noun 부터 noun 까지이다' can be used by attaching '이다'.

36 동작동사 아/어서 1

저는 학교에 가서 공부해요.	사진을 찍어서 친구에게 보냈어요.

'동작동사 아/어서'는 동작동사에 붙어 시간적 선후 관계를 나타낸다. 앞의 내용이 먼저 일어나고 뒤의 내용이 나중에 일어남을 나타낼 때 사용한다. 동작동사가 'ㅏ, ㅗ'로 끝나는 경우에는 '-아서'를, 'ㅏ, ㅗ'로 끝나지 않는 경우에는 '-어서'를 쓴다. '하다'로 끝나는 경우 '해서'를 쓴다.

'action verb 아/어서' is attached to an action verb and used to reveal the chronological order of actions or events. '-아/어서' connects two sequential events, with the second event following the first event. '-아서' is used after 'ㅏ' and 'ㅗ' vowels and '-어서' is used if there are vowels other than 'ㅏ' and 'ㅗ'. Use '해서' after verb with '하다'.

앞 문장과 뒤 문장의 주어가 같아야 하고 주로 뒤 문장의 주어는 생략한다. 과거 '-았/었-', 미래·추측을 나타내는 '-겠-'과 결합하지 않는다.

The subject of the clauses connected by '-아/어서' should be the same, and the subject in the second clause is usually omitted. '-아/어서' clauses cannot be combined with suffixes such as past tense marker '-았/었-' or conjectural '-겠-'.

'-아서/어서'로 연결되는 앞 문장과 뒤 문장은 서로 밀접하게 관련된 행동이어야 한다. '책을 사다'와 '친구를 만나다' 처럼 서로 독립된 행동은 '-아서/어서'로 연결될 수 없다. '책을 사다' 뒤에는 '책을 읽다', '책을 선물하다', '책을 주다' 등과 같이 앞선 행위의 상태나 결과에 따라 이어 나올 수 있는 행동이 뒤따라야 한다.

'-아서/어서' should only be used to link two clauses that are closely related. For example, independent events such as 'to buy a book' and 'to meet a friend' cannot be linked with '-아서/어서'. After a clause like 'to buy a book' related events such as 'to read the book', 'to gift the book', 'to give the book' should follow.

37 동사 (으)시-

아버지께서 책을 읽으십니다.	선생님께서 한국어를 가르치세요.

'동사 (으)시-'는 동사에 붙어 문장의 주어를 높여서 주어의 행위나 상태를 높일 때 사용하며, '-(으)시-'가 쓰인 문장에서는 주어를 '이/가'의 높임 표현인 '께서'로 바꿔서 사용한다. 동사에 받침이 있으면 '-으시-'를 쓰고, 받침이 없으면 '-시-'를 쓴다. 격식적인 상황에서는 '-(으)십니다'를 사용하고, 비격식적인 상황에서는 '-(으)세요'를 사용한다. '먹다, 마시다'는 '드시다', '자다'는 '주무시다', '있다'는 '계시다' 등의 높임 표현으로 바꾸어 사용한다.

'verb (으)시-' is used to honor the subject of the verb. In a sentence with '-(으)시-', the subject marker '이/가' is replaced with the honorific form '께서'. Verbs with stems ending in a consonant take '-으시-', while those ending in a vowel take '-시-'. The form '-(으)십니다' is used for formal situations and '-(으)세요' for informal situations. Some action verbs have their honorific polite forms: '드시다' for '먹다' or '마시다', '주무시다' for '자다', '계시다' for '있다'.

38 명사 에게(서)/한테(서)/께

저는 장민에게서 선물을 받았어요.	흐엉한테 그 이야기를 들었습니다.	어머니께 운전을 배웠습니다.

'명사 에게(서)/한테(서)/께'는 명사에 붙어 어떤 사람 등의 대상으로부터 행위가 시작됨을 나타낼 때 사용한다. 뒤에는 주로 '받다, 듣다, 배우다, 오다, 빌리다' 등의 동사와 함께 쓴다. '에게(서)'는 말할 때나 글을 쓸 때 모두 사용하며 '한테(서)'는 주로 말할 때 쓴다. '께'는 높임 표현으로 말할 때나 글을 쓸 때 모두 사용한다. '에게서', '한테서'의 '서'를 생략하여 '에게', '한테'로 사용할 수 있다.

'noun 에게(서)/한테(서)/께' is attached to a noun and used to express the meaning of 'from'. '에게(서)/한테(서)/께' is usually used with 'receiving/receptive verbs' such as '받다, 듣다, 배우다, 오다, 빌리다'. '에게(서)' is used in writing and speaking while '한테(서)' is usually used mostly in speaking. The honorific form is '께', which can be used both in writing and speaking. '서' can be omitted and '에게', '한테' can be used instead.

저는 회사에서 추석 선물을 받았어요. 학교에서 전화가 왔어요.

동작의 출발점이 되는 대상이 장소인 경우에는 '에서'를 사용한다.

'에서' is used to indicate a starting point in location, 'from'.

39 동사 (으)ㄹ 겁니다, 동사 (으)ㄹ 거예요

오후에 책을 읽을 겁니다. | **나츠미 씨가 곧 올 거예요.**

'동사 (으)ㄹ 겁니다, 동사 (으)ㄹ 거예요'는 동사에 붙어 미래의 일이나 계획, 의지를 나타낼 때 사용한다. 문어에서는 주로 '-(으)ㄹ 겁니다' 형태를 사용하고, 구어에서는 주로 '-(으)ㄹ 거예요' 형태를 사용한다.

동사에 받침이 있으면 '-을 겁니다/을 거예요'를 사용하고, 받침이 없으면 '-ㄹ 겁니다/ㄹ 거예요'를 사용한다. 'ㄹ' 받침이 있는 동사는 '놀 거예요, 만들 거예요, 울 거예요, 팔 거예요, 살 거예요'로 쓴다.

'verb (으)ㄹ 겁니다, verb (으)ㄹ 거예요' is attached to a verb and used to indicate future events or plans. It is usually used in both spoken and written contexts, and takes the form '-(으)ㄹ 겁니다' for written contexts and '-(으)ㄹ 거예요' for spoken contexts.

When the previous verb ends in a consonant, the form '-을 겁니다/을 거예요' is used, while '-ㄹ 겁니다/ㄹ 거예요' is used when the verb ends in a vowel. For words with the 'ㄹ' ending, the verb takes the form of '놀 거예요, 만들 거예요, 울 거예요, 팔 거예요, and 살 거예요'.

첸은 어제 야근을 해서 피곤할 거예요.

'동사 (으)ㄹ 겁니다, 동사 (으)ㄹ 거예요'는 동사에 붙어 말하는 사람이 가지고 있는 지식, 정보, 경험 등을 바탕으로 추측하는 내용을 나타낼 때도 사용한다.

'verb (으)ㄹ 겁니다, verb (으)ㄹ 거예요' is used in conjunction with the verb to indicate the speaker's assumption based on knowledge, information and experience.

동생은 지금쯤 집에 도착했을 거예요.

추측하는 내용이 완료된 상황일 경우에는 '-았/었을 겁니다, -았/었을 거예요'로 쓴다.

If the content of speaker's conjecture is completed, '-았/었을 겁니다, -았/었을 거예요' is used.

문법 설명

40 동작동사(으)ㄹ까요?, 동작동사(으)ㅂ시다

같이 저녁을 먹을까요?	같이 공원에 갈까요?
여기에서 사진을 찍읍시다.	1시에 만납시다.

'동작동사(으)ㄹ까요?, 동작동사(으)ㅂ시다'는 동작동사에 붙어 격식적인 상황에서 청자에게 어떠한 행동을 제안하거나 요청할 때 사용한다. 동작동사에 받침이 있으면 '-을까요?'와 '-읍시다'를 쓰고, 받침이 없으면 '-ㄹ까요?'와 '-ㅂ시다'를 쓰며, 윗사람에게 사용되지 않는다. 또한 두 가지의 선택적 상황에서 제안할 때는 '-(으)ㄹ까요?, -(으)ㄹ까요?'를 사용한다.

'action verb(으)ㄹ까요?', 'action verb(으)ㅂ시다' is attached to a stem of the action verb and used to suggest or propose something to the listener in a formal situation. Verbs with stems ending in a consonant take '-을까요?' and '-읍시다', while those ending in a vowel take '-ㄹ까요?' and '-ㅂ시다'. But these are not used toward someone older or of higher status than the speaker. Also, in the case of providing two options, '-(으)ㄹ까요?, -(으)ㄹ까요?' is used.

가: 저녁에 같이 공원에 갈까요?
나: 그래요.

가: 좀 쉽시다.
나: 네, 좋아요.

가: 같이 영화 볼까요?
나: 좋아요. 언제 볼까요?

가: 5시에 만납시다.
나: 좋아요. 5시에 만납시다.

'동작동사(으)ㄹ까요?'는 청자의 의견을 물어보는 것이기 때문에 일반적으로 '동작동사(으)ㅂ시다'보다 부드러운 표현이며, 어떤 행동을 함께 하자고 제안할 때 '-(으)ㄹ까요?'로 질문하고 '-(으)ㅂ시다'로 대답한다. 또한 '-(으)ㄹ까요?', '-(으)ㅂ시다'는 따로 사용할 수도 있으며, '-(으)ㄹ까요?'와 '-(으)ㄹ까요?', '-(으)ㅂ시다'와 '-(으)ㅂ시다' 형태의 대화도 가능하다.

'action verb(으)ㄹ까요?' is generally a softer expression than 'action verb(으)ㅂ시다' because it asks the opinion of the listener. When proposing to do something together, ask with '-(으)ㄹ까요?' and answer with '-(으)ㅂ시다'. It is also possible to use '-(으)ㄹ까요?' and '-(으)ㅂ시다' separately, or use the form of '-(으)ㄹ까요?' and '-(으)ㄹ까요?', '-(으)ㅂ시다' and '-(으)ㅂ시다' in conversations.

41 못 동작동사, 동작동사지 못하다

언니는 수영을 못 해요.	공연장 안에서는 음식을 먹지 못합니다.

'못 동작동사', '동작동사지 못하다'는 동작동사에 붙어 어떤 행위를 할 능력이 없거나 행위를 할 수 없는 상황임을 나타낼 때 사용한다. '못'과 '-지 못하다'는 서로 바꿔 쓸 수 있으나 '못'은 구어에서, '-지 못하다'는 문어에서 많이 사용한다. '명사하다'의 경우 '명사을/를 못 하다' 또는 '명사하지 못하다'의 형태로 사용된다.

그리고 특정한 장소에서의 금지의 의미를 나타낼 때도 있다.

'못 action verb', 'action verb지 못하다' indicates that you are in a situation where you are not capable of performing an action. '못' and '–지 못하다' can be used interchangeably. '–지 못하다' is a formal expression and can be used in written contexts. 'noun하다' is used in the form of 'noun을/를 못 하다' or 'noun하지 못하다'.

It also indicates the meaning of prohibition in a particular place.

42 동작동사 겠- 1

내일부터 열심히 공부하겠어요.	주문하시겠습니까?

'동작동사 겠–'은 동작동사에 붙어 화자의 의지나 의향을 나타낼 때 쓴다. 그리고 '–겠–'은 의문문에 쓰여 청자의 의향을 공손하게 물어볼 때도 사용한다. '처음 뵙겠습니다.', '잘 먹겠습니다.', '잘 다녀오겠습니다.'와 같은 관용적인 표현으로도 사용된다.

'action verb겠–' is attached to the stem of the action verb and used to express the speaker's will or determination. '–겠–' is used in a question form to ask the listener's will or determination. It is also used as an idiomatic expression such as the case of '처음 뵙겠습니다.', '잘 먹겠습니다.' and '잘 다녀오겠습니다.'.

43 ㄹ 탈락

저는 기숙사에 삽니다.	사무실 전화번호를 아세요?

'ㄹ 탈락'은 'ㄹ' 받침으로 끝나는 동사 뒤에 'ㄴ, ㅂ, ㅅ'으로 시작하는 어미가 오면 받침 'ㄹ'이 탈락하는 현상을 말한다. 'ㄹ'이 탈락한 후 동사 뒤에 '–(으)시', '–(으)세요', '–(으)십시오'와 같은 표현을 쓸 때에는 '–시', '–세요', '–십시오'로 쓴다.

The 'ㄹ irregular verb' is a verb which the 'ㄹ' is eliminated when followed by a suffix beginning with 'ㄴ, ㅂ, or ㅅ'. When using '–(으)시', '–(으)세요', and '–(으)십시오' after the 'ㄹ irregular verb', the form '–시', '–세요', and '–십시오' is used.

문법 설명

44 동작동사 (으)ㄹ 수 있다/없다

저는 자전거를 탈 수 있어요. | 저는 운전을 할 수 없어요.

'동작동사 (으)ㄹ 수 있다/없다'는 동작동사에 붙어 어떤 일을 할 수 있는 능력이 있거나 없음을 나타낼 때 사용한다. 어떤 상황이나 일이 가능함과 불가능함을 나타낼 때 사용하기도 한다. 그리고 어떤 행위가 허용되거나 금지될 때도 사용한다. 동작동사에 받침이 있으면 '-을 수 있다/없다'를 쓰고, 받침이 없으면 '-ㄹ 수 있다/없다'를 쓴다. 단, 'ㄹ' 받침이 있는 동작동사에는 'ㄹ'이 탈락하고 '-ㄹ 수 있다/없다'가 결합한다.

'action verb (으)ㄹ 수 있다/없다' is attached to an action verb and used to indicate that you are capable or incapable of doing something. It also indicates that a situation or task is possible or impossible, and is generally used to talk about possibilities. It is also used to indicate that an action is permitted or prohibited. The form '-을 수 있다/없다' is used after a verb with a consonant and '-ㄹ 수 있다/없다' is used after a verb without a consonant. In the case of ending with 'ㄹ', the 'ㄹ' becomes eliminated and combined with the form '-ㄹ 수 있다/없다'.

45 동사 아서/어서 2

요즘 일이 많아서 너무 피곤합니다. | 이 식당은 음식이 맛있어서 손님이 많아요.

'동사 아서/어서'는 동사에 붙어 앞 문장이 뒤 문장의 이유나 원인이 됨을 나타낼 때 사용한다. 동사에 'ㅏ, ㅗ' 모음이 있으면 '-아서'를 쓰고, 'ㅏ, ㅗ' 모음이 아닌 다른 모음이 있으면 '-어서'를 쓴다. '하다'로 끝나는 동사는 '해서'로 쓴다.

'verb 아서/어서' is attached to a verb and used to indicate the reason or cause of the following sentence. The form '-아서' is used after the vowel 'ㅏ, ㅗ' and '-어서' is used when ending in vowels other than 'ㅏ, ㅗ'. The form '해서' is used if the verbs end in '하다'.

'동사 아서/어서'는 과거를 나타내는 '-았어서/-었어서'로 쓰지 않는다. 또한 '동사 아서/어서'는 명령, 청유, 제안의 의미를 가진 종결형 등과는 쓰지 않는다.

'verb 아서/어서' is not used with '-았어서/-었어서' which denotes the past. In addition, 'verb 아서/어서' is not used with terminating forms of order, suggestion or proposal.

오늘은 친구 생일이라서 생일 파티를 해요.
내 친구는 부자라서 돈이 많아요.
내일은 주말이어서 학교에 안 가요.
그 사람은 가수여서 노래를 잘 불러요.

'명사 이라서/라서'는 또는 '명사 이어서/여서'는 명사에 붙어 앞 문장이 뒤 문장의 이유나 원인이 됨을 나타낼 때 사용한다. 명사에 받침이 있으면 '이라서/이어서'를 쓰고 받침이 없으면 '라서/여서'를 쓴다.

'noun 이라서/라서' or 'noun 이어서/여서' is attached to a noun and used to indicate the reason or cause of the following sentence. The form '이라서/이어서' is used for nouns that end in consonants and '라서/여서' is used for nouns that end in vowels.

46 동작동사 지 말다

방에서 뛰지 마세요.	쓰레기를 버리지 마십시오.	공원에 가지 맙시다.

'동작동사 지 말다'는 동작동사에 붙어 앞에서 나온 동작을 못 하게 할 때 사용한다. 주로 명령문과 청유문에서 쓰이는데 명령형은 '-지 마세요', '-지 마십시오'로 사용한다. 청유형은 '-지 맙시다'로 사용한다. 동작동사의 받침 유무에 관계없이 '-지 마세요', '-지 마십시오', '-지 맙시다'를 쓴다. 격식적이거나 공식적인 상황에서는 주로 '-지 마십시오'를 사용하고 비격식적인 상황에서는 '-지 마세요'를 사용한다.

'action verb 지 말다' is attached to an action verb and used to indicate the inability of an action indicated by the preceding clause. The form '-지 마세요', '-지 마십시오' is mainly used in imperatives. The suggestive form uses '-지 맙시다'. Regardless of whether the verb ends in a consonant or vowel, the forms '-지 마세요', '-지 마십시오', and '-지 맙시다' is used. The form '-지 마십시오' is used in formal contexts, whereas '-지 마세요' is used in informal situations.

47 동작동사 (으)ㄹ게요

오늘부터 열심히 공부할게요.	안 떠들게요.

'동작동사 (으)ㄹ게요'는 동작동사에 붙어 말하는 사람이 듣는 사람에게 어떤 행동을 할 것을 약속하거나 자신의 의지를 나타낼 때 사용한다. 동작동사에 받침이 있으면 '-을게요'를 쓰고 동작동사에 받침이 없으면 '-ㄹ게요'를 쓴다. 대화에서 '-(으)ㄹ게요'가 금지의 표현 '동작동사 지 마세요'와 함께 사용될 경우, '-지 않을게요'로 응답한다. 주로 구어에서 사용된다.

'action verb (으)ㄹ게요' is attached to an action verb and used by the speaker to make a promise to do something or express his or her will to the listener. '-을게요' is used for verbs that end in a consonant and '-ㄹ게요' is used for verbs that end in a vowel. When '-(으)ㄹ게요' is used in conformity with the expression 'action verb 지 마세요' to indicate prohibition, the response uses the form '-지 않을게요'. It is mainly used in spoken language.

'잘 먹을게요.', '학교에 다녀올게요.', '먼저 갈게요.'와 같은 관용적인 표현으로도 사용된다.

It is also used as an idiomatic expression such as the case of '잘 먹을게요.', '학교에 다녀올게요.', and '먼저 갈게요.'.

48 동사 (으)니(까) 1

가: 우리 이번 주말에 어디에 갈까요?
나: 날씨가 좋으니까 같이 등산을 갑시다.

가: 더우니까 에어컨을 켤까요?
나: 네, 좋아요.

'동사 (으)니(까)'는 동사에 붙어 앞 문장이 뒤 문장에 대한 이유나 원인이 됨을 나타낼 때 사용한다. 동사에 받침이 있으면 '-으니까'를 쓰고, 받침이 없으면 '-니까'를 쓴다.

'verb (으)니(까)' is attached to a verb and used to indicate that the preceding clause is the reason or cause of the following clause. '-으니까' is used after verbs ending with consonants and '-니까' after verbs ending with a vowel.

수업이 끝났으니까 집에 갑시다.

과거 시제를 나타내려면 '-(으)니(까)'에 '-았/었'을 붙여 '-았으니까/었으니까'로 쓴다.

For the past tense, '-(으)니(까)' is attached to '-았/었' and forms '-았으니까/었으니까'.

시험이 있으니까 열심히 공부하세요.
비가 오니까 우산을 쓰세요.
날씨가 더우니까 에어컨을 켤까요?
배가 고프니까 식당에 갑시다.

'동사 (으)니(까)'는 구어에서 주로 명령, 청유, 제안의 종결형과 많이 사용한다.

'verb (으)니(까)' is usually used in spoken contexts and used in conjunction with orders, solicitations or suggestions.

첸 씨의 생일이니까 선물을 삽시다.
여기는 학교니까 조용히 하세요.

'명사 (이)니까'는 명사에 붙어 앞 문장이 뒤 문장에 대한 이유나 원인이 됨을 나타낼 때 사용한다. 명사에 받침이 있으면 '이니까'를 쓰고, 받침이 없으면 '니까'를 쓴다.

'noun (이)니까' is attached to a noun and used to indicate that the preceding clause is the reason or cause of the following clause. '이니까' is used when the noun ends in a consonant, and '니까' is used when ending in a vowel.

49 동작동사 고 있다

지금 음악을 듣고 있어요. | 요즘 매일 운동을 하고 있어요.

'동작동사 고 있다'는 동작동사에 붙어 어떤 동작이 끝나지 않고 계속 진행되고 있다는 것을 나타낸다. 그리고 지금 무엇을 하는지에 대해 설명할 때 사용한다. 받침 유무에 관계없이 '–고 있다'로 쓰며 문장의 주체를 높일 경우에는 '–고 계시다'로 쓴다.

'action verb 고 있다' is attached to an action verb and used to indicate that an action is in progress. And to explain what you are doing now. The form '–고 있다' is used regardless of whether the verb ends in a consonant or vowel, and in the case of honoring the subject of the action, the form '–고 계시다' is used.

또한 진행의 의미가 확장되어 어떤 일을 반복적으로 지속한다는 의미를 나타낼 때 사용하기도 한다. 이때는 주로 계획을 수행하기 위해 요즘 하고 있는 일을 설명할 때 사용한다.

It also indicates that the meaning of progression is extended and a certain task is continuously repeated. This is mainly used to explain what you are doing these days to carry out a plan.

과거 시제를 나타내려면 '–고 있다'에 '–았/었–'을 붙여 '–고 있었다'로 쓴다. '–고' 앞에 '–았/었–'을 붙이지 않는다.

For the past tense, '–고 있다' is attached to '–았/었–' and forms '–고 있었다'. '–았/었–' is not attached in front of '–고'.

50 명사 과/와

지하철과 버스를 이용하십시오.

'명사 과/와'는 명사에 붙어 앞의 명사와 뒤의 명사를 같은 자격으로 이어줄 때 사용한다. '과/와' 앞의 명사에 받침이 있으면 '과'를 쓰고 받침이 없으면 '와'를 쓴다.

'noun 과/와' is used in between nouns to connect the preceding noun with the following noun of the same qualification. In the form of '과/와', '과' is used if the noun ends in a consonant, and '와' is used if the noun ends in a vowel.

가족과 함께 시간을 보내겠습니다.
친구와 같이 여행을 다녀왔습니다.

'명사 과/와'는 어떤 일이나 행동을 함께 하는 대상을 나타낼 때 '명사 과/와 같이/함께'의 형태로 사용한다. 이때 '명사 과/와' 뒤에 오는 '같이/함께'는 생략이 가능하다.

'noun 과/와' is also used to refer to a person that share any work or action. It is used in the form of 'noun 과/와 같이/함께'. It is possible to omit '같이/함께' that follows 'noun 과/와'.

활동지

10 한자어 수

KHU 마트 (가)	

① ____________	₩ 6,200
	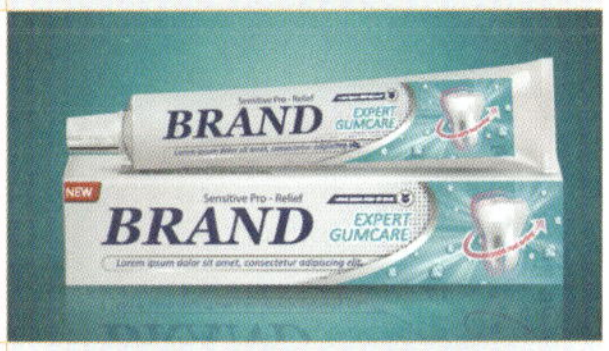
₩ 4,250	② ____________

₩ 5,980	③ ____________

④ ____________	₩ 13,600

₩ 14,560	⑤ ____________

₩ 15,900	⑥ ____________

KHU 마트 (나)	

₩ 4,800	❶ ____________
	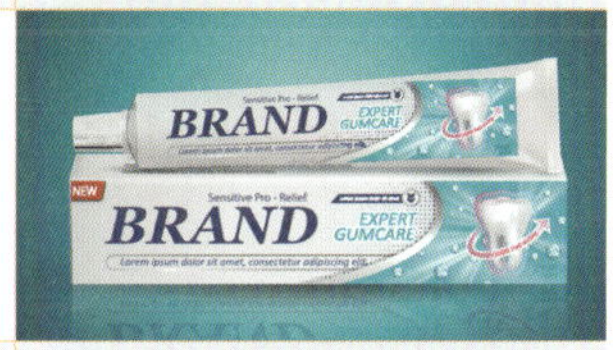
❷ ____________	₩ 4,500

❸ ____________	₩ 6,500

₩ 12,900	❹ ____________

❺ ____________	₩ 15,500

❻ ____________	₩ 27,800

28 명사 (으)로

1 게임판

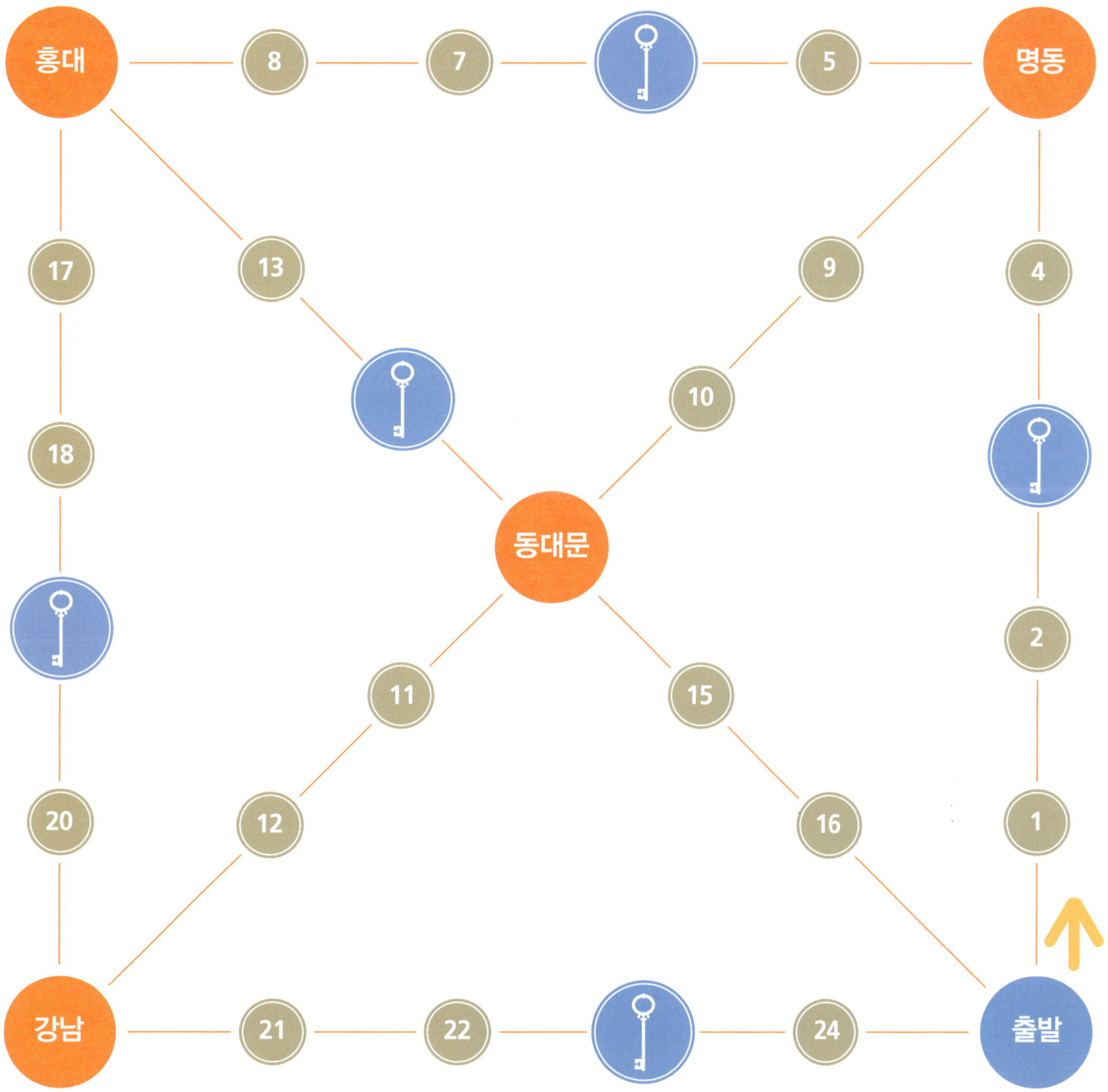

2 황금열쇠 카드

뒤로 세 칸 가세요.	앞으로 한 칸 가세요.	명동으로 가세요.	홍대로 가세요.
1번으로 가세요.	7번으로 가세요.	10번으로 가세요.	18번으로 가세요.
출발로 돌아가세요.	춤을 추세요.	노래를 부르세요.	코끼리 코를 하세요. (10바퀴)

황금열쇠	황금열쇠	황금열쇠	황금열쇠
황금열쇠	황금열쇠	황금열쇠	황금열쇠
황금열쇠	황금열쇠	황금열쇠	황금열쇠